Ernst von Mirbach

Die Reise des Kaisers und der Kaiserin nach Palästina

Drei Vorträge gehalten in Potsdam

DOGMA

Ernst von Mirbach

Die Reise des Kaisers und der Kaiserin nach Palästina

Drei Vorträge gehalten in Potsdam

ISBN/EAN: 9783955802202

Auflage: 1

Erscheinungsjahr: 2013

Erscheinungsort: Bremen, Deutschland

© *DOGMA in Europäischer Hochschulverlag GmbH & Co KG, Fahrenheitstr. 1, 28359 Bremen (www.dogma.de). Alle Rechte beim Verlag und bei den jeweiligen Lizenzgebern.*

Die

Reise des Kaisers und der Kaiserin

nach Palästina.

Drei Vorträge,

gehalten in Potsdam zum Besten der Diakonissen-Stationen,
des St. Josephs-Krankenhauses und der Auguste Viktoria-Krippe

von

Ernst Freiherr von Mirbach,

Kammerherr Seiner Majestät des Kaisers und Königs.
Oberhofmeister Ihrer Majestät der Kaiserin und Königin.

Berlin, 1899.
Ernst Siegfried Mittler und Sohn
Königliche Hofbuchhandlung.

S. M. der Kaiser im Lager bei Jerusalem.
31. Oktober 1898.

Inhalt.

I. Vortrag,

gehalten am 28. Dezember 1898.

Von Potsdam nach Jerusalem.

Wenn man als aufmerksamer Tourist oder als Forscher eine interessante Reise unternimmt, so sucht man Land und Leute in ihrem gewöhnlichen, ihnen eigenthümlichen Zustande, in ihrem alltäglichen Leben kennen zu lernen, man forscht an Ort und Stelle nach der Geschichte, den Sitten und Gebräuchen des Landes und macht seine Erfahrungen zur Unterweisung und zum Gebrauche für Andere nutzbar. Nichts hiervon gilt für die Kaiserfahrt nach Palästina; fast nichts sahen wir von dem gewöhnlichen Zustande des Landes und dem Alltagsleben seiner Bewohner, nirgends blieb Ruhe und Zeit zu eingehenden Betrachtungen. Alles war außergewöhnlich, wie es Jahrhunderte nicht gesehen und gekannt haben, wie es Niemand hatte erwarten können.

Die Reise in das gelobte Land! Diese Worte haben noch heute Zauberklang. „Das gelobte Land", welches die Geburtsstätte der weltüberwindenden Liebe war; welches einst unter Gottes Segen und Schutz in Jahrhunderte langem Kämpfen und Ringen zu hoher Macht und Blüthe emporgestiegen und, weil es Gott verließ, so tief sank und so schrecklich vernichtet wurde wie kein anderes auf Erden; das Land der glühenden Sehnsucht und der religiösen Begeisterung des Mittelalters, wo in wildem, oft verblendetem Kampfe Hunderttausende der Edelsten des Abend-

1

landes ihr Blut vergossen. In tausend Jahren waren nur drei deutsche Kaiser dorthin gelangt, das Schwert gegen den Halb= mond erhoben. Aber Conrads Heer wurde in Kleinasien voll= ständig vernichtet, er selbst rettete mit Mühe sein Leben. Ohne Sieg, ohne Erfolg versank der für Deutschland unersetzliche, über ein halbes Jahrtausend vermißte Barbarossa in den Fluthen eines unbekannten Flusses. Beide Kaiser sahen nicht einmal die heilige Stadt. Friedrich II., der Erbe der Königskrone von Jerusalem, erreichte den Einzug in die Stadt nur durch einen Vergleich mit den Türken. Doch welch sonderbares Schauspiel: er wird dafür exkommunicirt und unter den Bannflüchen Roms läßt er sich in dem größten Heiligthum der römischen Kirche, in der Grabes= kirche, feierlich krönen. Unter den erbitterten Intriguen und blutigen Kämpfen der Kreuzfahrer und ihrer Fürsten untereinander ging Jerusalem verloren.

In dieses gelobte Land, auf welchem der Niedergang von zwei Jahrtausenden lastet, dessen muhamedanische Bevölkerung in dumpfer, mißtrauischer Theilnahmlosigkeit und Resignation freud= und fried= los, still und genügsam dahinlebt und nur hie und da, gedrückt, gereizt und aufgestachelt, zu schrecklicher, blutiger Wehr empor= zuckt — in dieses Land zieht mit der Kaiserin der Kaiser des mächtigen, durch den zweiten Barbarossa geeinten Deutschen Reiches, nicht als Feind mit Schwert und Blut, nicht in eigennütziger Absicht, sondern als Freund reicht er die Hand in aufrichtiger, christlicher Liebe.

Ein ganzes Volk, welches seit langen Jahrhunderten solches nicht gesehen, nicht gekannt hat, rafft sich aus seinem Brüten wie aus einem schweren Traum empor, es staunt schier Unglaubliches an; es sieht, daß es Wahrheit ist, und, angekettet an seinen eigenen Herrscher mit fester, unbedingter Glaubenstreue und Gehorsam, empfängt es dessen treuesten Freund mit einer Begeisterung ohne Gleichen. Selbst die traurigen, menschenverlassenen Einöden, welche sonst der Wanderer nicht ohne Schutz gegen räuberische Anfälle durchstreifen kann, werden zu Sammelpunkten freude= strahlender, jubelnder und dankbarer Menschenmassen. Das deutsche Kaiserpaar, der deutsche Name klingt in Aller Munde!

So glich die ganze Reise einem ununterbrochenen, feierlichen und fröhlichen Festzuge. Tausende von eindrucksvollen bunten

und großartigen Bildern zogen an unseren Augen zu schnell vor=
über, ohne Rast und ohne Ruh; Land und Leute, herausgerissen
aus ihrem gewohnten Leben, in stetiger festlicher Stimmung und
festlichem Gewande. Der Himmel selbst wollte sein gewöhnliches
Herbstkleid nicht anlegen und strahlte vom ersten bis zum letzten
Tage in herrlichstem Glanze.

Aus der Menge der mannigfaltigen und außergewöhnlichen
Eindrücke, wie sie sich dem Auge und dem Herzen unmittelbar ein=
prägten, und welche ich durch sofortige Aufzeichnungen an Ort und
Stelle, sei es auf dem Schiff, der Eisenbahn, im Wagen, zu Pferd
oder zu Fuß, festzuhalten versuchte, will ich Ihnen in mehreren
Vorträgen Einiges mittheilen. Der heutige soll die Zeit von
unserer Abreise aus Potsdam bis zur Ankunft in Jerusalem be=
handeln.

Der politische Horizont schien sich im Sommer in ernster
Weise zu verdunkeln; ein großer Theil der ausländischen Presse
griff seit Monaten mit Gehässigkeit, Spott und Unwahrheit die
geplante Kaiserreise an, um sie zu verhindern. Sogar ein Theil
der einheimischen Presse, dem Zeitgeiste huldigend, selbst nichts
zu leisten, aber Alles abfällig und unfreundlich zu kritisiren, be=
sprach Vieles, namentlich aus vermeintlichen religiösen Motiven,
in unfreundlicher Weise und in Unkenntniß der Verhältnisse.

Wir Alle standen unter dem Eindruck der Schreckensthat in
Genf. Selbst für diese gräßliche That fanden sich zu unser Aller
tiefem Schmerz noch Kreise, welche sie entschuldigten. Vieler Orten
regten sich die teuflichen Umsturz=Elemente. Anonyme anarchistische
Drohbriefe kamen in großer Zahl an den Hof. Auch fehlte es
nicht an dringenden Mahnbriefen, welche wegen der im Orient
geplanten Attentate von der Reise abriethen. Man stellte fest,
daß gefährliche Anarchisten nach dem Orient abgereist waren.
Aber Gott sei Dank ließ sich unser Kaiser durch nichts von dem
vorgesteckten hohen, edlen Ziele abbringen. Der Reiseplan, wie
er für die ersten Wochen, für jeden Tag, für jede Stunde fest=
gesetzt und seit langer Zeit allgemein und öffentlich bekannt war,
blieb unverändert bestehen.

Dem Ernste der Zeit, der hohen Bedeutung der Reise ent=
sprechend, feierten Kaiser und Kaiserin mit ihrem Reisegefolge vor
der Abreise an der stillen Gruft Kaiser Friedrichs das heilige

1*

Abendmahl. In die ernste Feier drang die Kunde von dem nicht erwarteten frühen Hinscheiden der Prinzessin Albrecht.

So führte uns der erste Reisetag, der 12. Oktober, nach Kamenz an die Todtenbahre dieser edlen, frommen und geliebten Fürstin.

Wie viele ernste Gedanken, Sorgen und Gebete mögen in jenen Tagen von Vielen — man kann wohl sagen: aus unserem ganzen Volke — zum Himmel emporgestiegen sein? Und Gott erhörte über Bitten und Verstehen. Aus den drohenden Gewitterwolken und dem unheimlichen Wetterleuchten, aus dem Grollen des Donners, welchen schon manche zu hören glaubten, brachen Segen, Friede und Freude, Jubel und Dank. Blickt man heute auf die Reise zurück, so gilt ihr als Motto: „Der Herr hat Großes an uns gethan, deß sind wir fröhlich.“

---

13. Oktober 1898.
Venedig.

Nach dunkler, regnerischer Nacht leuchteten uns am 13. Oktober im herrlichen Morgensonnenglanze die stolzen, beschneiten Gipfel der Alpen entgegen. Durch schöne, liebliche Bergthäler wand sich der Zug in die sonnenbeglänzte, reiche, oberitalienische Ebene hinab zur alten Dogenstadt Venedig. Nur ein dunkler, ernster Strich zog durch die herrliche, fröhliche Herbstlandschaft — es waren die in Italien an der ganzen Bahnstrecke aufgestellten Militär-Wachen und Posten. Ueber Venedig glänzte nach Sturm und tropischen Regengüssen der tiefblaue, wolkenlose Himmel. Das italienische Königspaar war von Rom eingetroffen und begrüßte auf dem reichgeschmückten Bahnhofe unsere Majestäten mit dem Ausdruck der treuen und innigen Freundschaft, welche die beiden Herrscherhäuser verbindet. Im Canale grande lagen die königlichen Gondeln in Gala bereit, umgeben von den mit Ruderern in mittelalterlichen Trachten bemannten, großen, vergoldeten, stolzen Gondeln der Stadt. Im weiten Umkreise hielt auf schwarzen Gondeln die Feuerwehr Wacht und bildete mit gewaltigen Wasserstrahlen eine Respekt einflößende Absperrungskette. Langsam und geräuschlos glitt der imposante Zug der Schiffe den Kanal herunter zwischen den herrlichen, geschmückten, alten Palästen, welche von oben bis unten mit jubelnden Menschen besetzt waren. Musik-Kapellen spielten auf den Brücken, hunderte von Gondeln folgten sich drängend und schiebend zu beiden Seiten, Glocken läuteten, und aus den melodischen, italienischen Freudenrufen drangen, Alles übertönend, die kräftigen deutschen Hurrahs.

Nach kurzer Rast im Königspalast, wo die Majestäten von der auf dem Markusplatze Kopf an Kopf harrenden Menge begeistert begrüßt wurden, setzte sich Nachmittags derselbe Zug der Gondeln in Bewegung zur Kaiseryacht, der „Hohenzollern". Das majestätische, schneeweiße Schiff lag, Alles überragend, dem Dogenpalast gegenüber vor Anker, von zahllosen Gondeln und Booten umschwirrt. An beiden Ufern standen die fröhlichen Menschenmassen, doppelt fröhlich über das herrliche Kaiserwetter. Unter ihrem Jubel setzte sich die „Hohenzollern" langsam in Bewegung. Strahlend leuchtete das Gold der Abendsonne auf dem Wasserspiegel, den alten Palästen, der Stadt mit ihren gewaltigen Domen, Kuppeln und Thürmen. Ueber sie erhoben sich die weißen Gipfel der Alpen — ein ergreifender Anblick, von welchem wir uns erst zu trennen vermochten, als wir in See gingen und die Sonne glühend hinter den hohen Euganeen von Padua versank, welche sich schwarz von dem goldigen Himmel abhoben.

14. bis 22. Oktober 1898.
Konstantinopel.

Uns begleiteten auf der fünftägigen Meeresfahrt nach Konstantinopel das starke, neue, gepanzerte Kriegsschiff „Hertha" und die elegante kleine, flinke „Hela". Das schöne Wetter verließ uns nicht, wenn auch zeitweise ein starker Sirocco die Wellen der Adria erregte, und wir wegen des hohen Seeganges einen schönen, sonnigen Nachmittag und eine sternenhelle Nacht hinter den schützenden, hohen vulkanischen Gipfeln der Insel Zante verbrachten.

Mit den ersten Depeschen, welche die „Hela" von einer öden, gebirgigen griechischen Insel aus dem Städtchen Argostoli abholte, erhielten wir die Kunde von der Festnahme einer Anarchisten-

Bande in Port Said, welche sich nach Palästina hatte einschiffen wollen. Die Nachricht machte einen tiefen Eindruck, wenig wurde darüber gesprochen. Jeder fühlte, daß nicht allein von Menschen Alles in verdoppeltem Maße zum Schutz unseres geliebten Kaiserpaares geschehen müsse, sondern daß Gottes schützende Hand die Hauptsache sei.

Einen ergreifenden Ausdruck unserer Gedanken gab in dem Tags darauf, am Sonntag den 16. Oktober, stattfindenden Gottesdienst der Oberhof= und Domprediger Dryander. Auf dem hinteren Theil des Schiffes ist ein Altar errichtet, der ganze Raum mit Segeltuch abgesperrt. Dort versammeln sich die Majestäten mit Gefolge, die Seeoffiziere und die Matrosen. Die Marinemusik spielt die Choräle, der Kaiser verließ selbst die Liturgie, der Oberhofprediger sprach über den 91. Psalm, jenes gewaltige Trost= und Hoffnungslied:

„Wer unter dem Schirm des Höchsten sitzet und unter dem Schatten des Allmächtigen bleibet, der wird errettet von dem Strick des Jägers, vor dem Grauen des Nachts und den Pfeilen des Tages, und ob tausend fallen zur Linken und zehntausend zur Rechten, so wird es ihn nicht treffen, denn der Herr ist sein Schild, seine Burg, seine Zuversicht und Zuflucht. Der Herr hat seinen Engeln befohlen, über dir zu wachen, daß dir kein Uebels begegne und sie dich behüten auf allen deinen Wegen."

Am Abend dampften wir um die Südspitze der Halbinsel Morea herum. Die hohen, einsamen, zerklüfteten Felsengebirge glühten im Abendroth, hinter und über ihnen lagen Gewitterwolken in schwarzen und violetten Massen zusammengeballt oder in rosigen, goldigen, grünlichen und weißen Streifen auseinandergerissen. Die sich unter dem dunkelblauen Himmel wiegenden Meereswogen erglänzten in allen Farben, vom tiefsten Blau und Grün bis zum leuchtenden Silber und Gold. Am Horizont verbanden sich die goldenen Fluthen mit dem Feuer der untergehenden Sonne. Der Himmel überwand mit dem Strahlenglanze des Tages und der Sternenpracht der Nacht das Dunkel der Erde. Die sichere, geübte Hand des Steuermanns führte uns durch den griechischen Archipel mit seinen vielen bergigen

Inseln und Klippen, zwischen Lemnos und Tenedos hindurch
mit der Aussicht auf die hohen Berge Kleinasiens und die Gegend
um Troja, zu den Dardanellen. Die berühmte, schmale, sehr
lange Meeresenge ist von beiden Seiten von bedeutenden Höhenrücken und Bergkuppen eingeschlossen. Mehrere Stunden weit
reichen die zu ihrem Schutze errichteten Befestigungen in dieselbe
hinein, vom Uferrande an bis hinauf zu den Kuppen der Berge.
Die ältesten sind aus der Römerzeit, deren gewaltige Mauerreste
noch heute von der einstigen Stärke zeugen; aus dem Mittelalter
sind die meist noch erhaltenen, hohen Thürme und Mauern, aus
der Neuzeit die dicken, niedrigen Erdwälle mit stahlgepanzerten
Kuppeln. An einzelnen Stellen liegen die alten und neuen Befestigungen unmittelbar nebeneinander. Auf allen wehte — eine
besondere Ehrenbezeugung — neben der türkischen die deutsche
Fahne. Die Truppen standen in Parade auf den Wällen, sie
riefen den türkischen Kaisergruß, ihre Musikkorps spielten das
„Heil Dir im Siegerkranz". Dunkle türkische, von oben bis
unten beflaggte Kriegsschiffe schossen Salut, mit Frau und Kind
standen die Einwohner der im hellen Sonnenglanze leuchtenden
Städtchen und Dörfer in ihren bunten orientalischen Trachten zu
Tausenden am Ufer, grüßend und winkend. Die Knaben zahlreicher Militärschulen sangen preußische Melodien. In diese
fröhlichen Bilder und den Jubel hinein krachten von den Forts
am Ufer und auf den Höhen die Grüße der gewaltigen Festungs-
geschütze. Erde und Schiffe erzitterten und im Pulverdampf ver-
schwanden zeitweise ganze Berge und Städte.

Nach einer erfrischenden Nacht im Marmara-Meer stieg im
Silberglanze des Morgennebels in der Ferne das alte Byzanz
empor. Die Nebel schwanden, langsam liefen wir in den schmalen
Bosporus ein; zur Linken erhob sich, umgeben von starken, alten
Mauern und Thürmen, aus dunklem Cypressenhain der alte Serail,
überragt von den stolzen Kuppeln und schlanken Minarets der
Agia Sofia und der Mehemed Ali-Moschee; rechts auf asiatischer
Seite die Türkenstadt Skutari. Vor uns stiegen die Paläste,
Häuser und Gärten von Konstantinopel empor, auf einem weit-
hin sich ausdehnenden hohen Bergrücken terrassenförmig übereinander liegend. Weiterhin öffnete sich zur Linken die zwischen
dem alten und dem neuen Stadttheil tief eindringende herrliche

Meeresbucht, „das goldene Horn", mit einem Walde von Masten und Schornsteinen. Der durch das Echo der Berge vielfach wiederhallende Donner der Kanonen erscholl. In stolzer, langsamer Bewegung näherte sich die „Hohenzollern" dem am Uferrande liegenden, großartigen, weißen Marmorpalast Dolma Bagdsche, aber einsam auf der weiten Wasserfläche. Wie ganz anders war diese Einfahrt als die vor neun Jahren. Damals schaukelten tausende von großen und kleinen Fahrzeugen, Dampf-Yachten und Dampfschiffen im bunten Gewirr um uns herum mit unaufhörlichem Jubel. Das Meer sah damals aus wie ein großer, aufgestörter Ameisenhaufen — heute leer und still. Mit eiserner Strenge war weithin der Gürtel der Absperrung gezogen, nur einige zwanzig oder dreißig kleine Boote näherten sich, von Polizeibeamten besetzt, und nur wenige Schiffe, wie die für unseren Empfang zurückgebliebene „Bohemia" mit einem Theile unserer deutschen Pilger und ein Dampfschiff mit der deutschen Kolonie durften sich in einiger Entfernung aufhalten und sandten uns ihr begeistertes Willkommen.

Kaiser und Kaiserin sowie das Gefolge bestiegen die Boote der „Hohenzollern" und fuhren in wenigen Minuten zu dem Marmorpalast hinüber. Dort stand am Wasser auf breiter Marmorterrasse der Sultan, ein kleiner, zart aussehender, gebückter Mann, mit fein geschnittenem, von einem schwarzen Vollbart umrahmtem Gesicht. Ihn umgaben die höchsten Würdenträger, Minister, die Marschälle und Paschas seines Reiches in glänzenden, goldgestickten Uniformen. Das vornehme, strenge Ceremoniell, welches die Türken beobachten, giebt solchen Empfängen zwar ein steifes, aber doch höchst würdiges und ernstes Gepräge, um so mehr, als allen Muhamedanern eine hohe Würde, bescheidene Zurückhaltung und Ruhe angeboren ist.

In glänzenden Equipagen, gezogen von gewaltigen, schweren Rossen, mit Kutschern in rothen, goldbesetzten Livreen, umgeben von Kavallerie-Eskorten, an den Wagen der Majestäten türkische Generale und Flügeladjutanten zu Pferde, zwischen den stramm aussehenden, schön gekleideten Truppen hindurch, hinter welchen in den Gärten auf den Höhen und den geschmückten Häusern unabsehbare Menschenmassen in bunten Trachten standen, ging es hinauf zu dem Palais des Sultans. Es ist ein armer Stadttheil, welchen man hier paffirt. Neben den von 40 bis 50 Fuß hohen Mauern umgebenen glänzenden Marmorpaläften stehen die ärmlichen Häuser der Muhamedaner mit ihren holz= und eisenvergitterten kleinen Fenstern, hinter denen, wie aus einem Gefängniß, die verschleierten Frauen neugierig herauslugen. Ein Café, ein kleines Restaurant liegt neben dem andern, alle dicht von Zuschauern gefüllt. Steil geht der Weg durch öffentliche, an den Hügeln auffteigende Gärten hinauf, in denen tausende von vermummten türkischen Frauen in weißen, blauen, schwarzen und buntfarbigen Gewändern mit ihren Kindern hocken; über die Schleier blicken nur die großen, dunklen, schwermüthigen Augen. Hinter haushohen Mauern und starken Wachposten unter dem Kommando alter bewährter, weißbärtiger Offiziere fuhren unsere Wagen in einen einsamen, stillen, großen Park hinein, auf deffen Wegen nur türkische Schildwachen auf= und abpatrouillirten. Auf der Höhe lag die für die Majeftäten und das Gefolge beftimmte Villa, bewacht von zahlreichen auserlesenen Truppen.

Diese Anlage „der Yildiz=Kiosk" umfaßt einen weit aus= gedehnten Park, welcher sich von der Höhe des Berges bis faft an die Geftade des Bosporus hinabzieht. Er ift mit immergrünen Laubbäumen und viel Pinien, dazwischen Teiche und Blumenbeete, beftanden. In demselben liegen nicht etwa großartige Paläfte, sondern mehrere kleinere und größere Villen, mit Parterre und Beletage, in der Art wie italienische Landhäuser. Die größte ift die, welche Kaiser und Kaiserin schon vor neun Jahren be= wohnt hatten, und welche der Sultan um das Doppelte, auf etwa 25—30 Fenfter Front in wenigen Monaten hatte ver= größern laffen, trotzdem der Kaiser wiederholt gebeten, es nicht zu thun. Es konnten nun aber in den schönen, weiten, luftigen Räumen die Majeftäten mit ihrem ganzen, zahlreichen Gefolge bequem untergebracht werden. In dem Park befinden sich außer= dem noch die verschiedenen Villen des Sultans, namentlich die von ihm selbft bewohnte, eine andere zu Empfängen und Gesell= schaften und schließlich die nochmals mit einer besonders hohen und starken Mauer und nur wenigen, streng bewachten Eingängen umschloffenen Wohnungen des Harems. Sie sind von großen Blumen= gärten umgeben, um deren Pflege sich der Sultan eingehend kümmert. Seine rechte Hand hierbei ift sein seit über 30 Jahren bei ihm im Dienste befindlicher Oberhofgärtner, ein alter, braver Frankfurter. In einem der Gärten hoch auf der Höhe ist ein großer Teich gegraben, auf welchem der Sultan mit seinen Damen in kleinem Dampfmotor und Ruderboot spazieren fährt. Die Einrichtung aller dieser Villen ist nicht, wie man annehmen sollte, von märchenhafter Pracht und Herrlichkeit. Im großen Ganzen ist sie einfach und wenig geschmackvoll. Es sind meist die vor 20 und 30 Jahren modernen, französischen Möbel, klein mit viel Gold, unbequem, zerbrechlich, dann die schönen, eisernen und bronzenen englischen Bettstellen; die großen Salons über= laden mit schwerfälligen, vergoldeten Ameublements, an den Wänden hängen werthlose Bilder in großen Rahmen, viel Photo= graphien und Oelbruckbilder, hie und da ein mäßiges Oelbild. Das Einzige, was an orientalische Pracht und Reichthum er= innert, ohne es jedoch zu sein, sind die grellen, bunten, mit Gold und Silber abwechselnden Farben, mit denen die zahlreichen Holzsäulen, Holzbögen und Decken überreich bemalt sind. Einen großen Werth haben nur die herrlichen Teppiche und theilweise die schweren Seidenstoffe, welche Fußboden und Wände schmücken. Mit rührender Sorgfalt hatte sich der Sultan persönlich um alle Details der Einrichtung der Zimmer für die Majestäten ge= kümmert. Ueberall hingen Bilder der Königlichen Familie, be= sonders mehrere des alten Kaisers und des Kaisers Friedrich, auch vom Feldmarschall Moltke. Auf den Tischen standen zahl= reiche gewöhnliche und gemalte Photographien der Kaiserlichen Kinder umher; in den Salons des Kaisers Büsten seines kaiser= lichen Großvaters und Vaters und Bilder der Kaiserin, in den Salons Ihrer Majestät Bilder und Büsten des Kaisers. Blumen= Arrangements in allen Größen und Farben zierten die Tische und zahlreichen Spiegel. Endlos sind die Schaaren von freundlichen, anständigen Dienern, welche alle einfach schwarz gekleidet sind; zum ersten Male waren für uns auch griechische Frauen und Mädchen zur Bedienung angenommen.

Von dem Wohnhause der Majestäten führen nach dem Harem lange Gänge hin und her, einfach tapeziert, mit einem gewöhnlichen Läufer belegt, an den Wänden deutsche Oelbruck= bilder. Hier fand als Schluß eines äußerst anstrengenden Tages, Nachts zwischen 11 und 12 Uhr, der Empfang der Kaiserin durch den Sultan statt, welcher Ihre Majestät zu seiner hochbetagten Mutter, seinen vornehmsten Frauen und einigen Prinzessinnen geleitete. Auch hier sind die Räume im Allgemeinen in derselben Art möblirt wie vorher beschrieben. Die äußerst einfache Unterhaltung, bei Thee und Zuckerwerk, wurde von einer dicken, gemüthlichen, älteren Dame als Dolmetscherin geführt.

Die Tage unseres Aufenthaltes in Konstantinopel waren von dem herrlichsten Wetter begünstigt. In die Stadt wurden einige Ausfahrten unternommen, die Agia Sofia, die neue, schön eingerichtete deutsche Schule und das allgemein beliebte deutsche Hospital besucht. Hierbei zeigte sich uns die Stadt in einem ganz anderen Bilde, als es sonst die Reisenden gewohnt sind. Die berühmte orientalische Unsauberkeit, die Unordnung auf den Straßen, die elenden, zerlumpten Gestalten von zudringlichen Bettlern und allem möglichen Gesindel, die Hunderte und Hunderte von schmutzstarrenden Hunden, welche sonst hauptsächlich die Reinigung der Straßen von Abfällen und Unrath besorgen, das oft undurchdringliche bunte, lärmende Menschengewühl — von Allem bekamen wir Nichts zu sehen. Die Straßen, welche die Majestäten passirten, waren sauber und neu gepflastert, die Häuser, die langen Mauern hergestellt, frisch gestrichen, mit Fahnen und Guirlanden geschmückt, die Einwohner standen in Feiertagskleidern still und geordnet hinter den Spalier bildenden Truppen und Polizisten, oder grüßten aus den mit Teppichen behangenen Fenstern. Auf den Plätzen, an den Straßenecken waren Posten und Wachen mit spielenden Musikkorps aufgestellt. Schon seit Wochen war die Stadt von der guten Polizei wiederholt streng durchsucht worden. Jeder, der sich nicht genau ausweisen konnte oder irgendwie verdächtig erschien, war entfernt, viele ausländische, besonders italienische Arbeiter auf einige Zeit im Inneren Kleinasiens beschäftigt oder zu Hunderten, gut verpflegt, in Räumen der Gefängnisse untergebracht worden. Traurig genug, daß solche Maßregeln nöthig sind, aber mit der größten Sorgfalt und Strenge hatte sich der Sultan persönlich um Alles gekümmert, was er zum Schutze seiner hohen Gäste für nöthig hielt. Hier haben wir keine Ahnung davon, was für eine Menge verworfenen Gesindels sich in den großen Städten des Orients umhertreibt.

Von besonderem Interesse war für uns die Freitagsfeier, der sogenannte Selamlik. Der Sultan, in grauen Paletot gehüllt, fährt allein in vierspännigem, offenem Galawagen, von seiner Wohnung in eine kleine, dicht am Park des Yildiz-Kiosk liegende schöne Moschee. Ihn umgeben und es folgen zu Fuß in Galauniform die Großen seines Reiches, die Generale, Adjutanten und viele Offiziere. Alle zur Moschee führenden Straßen sind mit den Truppen in Paradeaufstellung besetzt.

Der Moschee gegenüber in einer Villa des Sultans auf hoher Terrasse mit schattigen Bäumen stehen die Majestäten mit Gefolge. Auf dem kleinen Platze vor der Moschee halten in 10—12 kleinen, eleganten, geschlossenen Wagen, deren Pferde ausgespannt sind, tiefverschleiert in schönen seidenen Gewändern die Damen des Harems. Rundherum sind die Häuser und Dächer, die mit Gartenanlagen aufsteigenden Hügel von unzähligen bunten Menschenmassen, vor Allem verschleierten Muhamedanerinnen, besetzt. Der Sultan verrichtet in der Moschee allein ein kurzes Gebet. Er verläßt dieselbe, wiederum präsentiren die Truppen, und er begiebt sich zu unseren Majestäten. Auf dem Hofe hinter der Villa wartet ein kleiner zweisitziger, reich vergoldeter Wagen, mit zwei prachtvollen, großen Schimmeln bespannt. Die Kaiserin und der Sultan besteigen ihn, der Sultan lenkt die Rosse selbst und fährt durch seine Blumengärten nach dem kleinen Kiosk am Paradeplatze, wohin der Kaiser im Wagen folgt, begleitet von dem höchsten Würdenträger des Hofes. Hier wurde auf kleinem, unebenen Platze die Parade über die Garnison abgehalten. Es war eine Freude, die strammen, schönen Truppen zu sehen, vor Allem das herrliche, berühmte, alte Kavallerie-Regiment Ertogrul auf seinen lustigen Schimmelhengsten.

An einem Vormittag unternahm der Kaiser mit großem preußischen und türkischen Gefolge einen Ritt um die ganze Stadt und nach den gewaltigen, alten, theilweise noch aus der römischen Kaiserzeit stammenden Festungsmauern, überall von den herbeigeströmten Menschenmassen angestaunt und freudig begrüßt. Gleichzeitig unternahm die Kaiserin einen Ausflug nach Kleinasien hinüber. Dort wurde zuerst der Marmorpalast Belerbe

besucht, ein Prachtwerk orientalischer Kunst. In einem großen
Park mit immergrünen Bäumen gelegen, seine weißen Terrassen
von den dunkeln Wellen des Bosporus bespült, umgeben von
hohen festungsartigen, theilweise doppelten Mauern, durch welche
nur an einer Stelle ein über 100 Schritt langer, dunkler, ge=
wölbter Thorweg, von starken Wachen besetzt, ins Freie hinaus=
führt, liegt dieser herrliche Bau, mit den reichsten, kunstvollen und
zierlichen Ornamenten bedeckt, einsam und verlassen. Ihn be=
wohnten zuletzt die Kaiserin Eugenie und nach ihr im Jahre 1869
unser damaliger Kronprinz. Das Innere enthält ein großartiges
Treppenhaus und in zwei Stockwerken die glänzendsten Säle,
getragen von Monolithen aus buntfarbigem Marmor, Wände
und Decken mit Gold, Marmor und reicher Holzschnitzerei in ge=
schmackvollster Farbenpracht bedeckt. Den Glanzpunkt bildet die
Badestube. Sie ist etwa drei bis viermal so groß als der
weiße Saal des Berliner Schlosses und geht durch beide Stock=
werke hindurch. In der Mitte liegt um einen großen Spring=
brunnen herum ein Marmor=Badebassin, in welchem sich bequem
40—50 Personen herumtummeln können. Nach den vier Seiten
gehen, von Bogen und Säulen getragen, saalartige Nischen, auf
der einen Seite die Aussicht in das Grün des Parkes, auf der
anderen Seite über den von Schiffen belebten Bosporus hinüber
nach Konstantinopel. Diesem Palast schräg gegenüber liegt auf
europäischer Seite wieder ein großartiger Marmorpalast mit
Garten hinter hohen Mauern, still und abgeschlossen, von
starken, zuverlässigen, auf das Strengste instruirten Wachen
umgeben, welche außer den wenigen, genau bekannten Beamten
und Lieferanten Niemanden hinein= und hinauslassen dürfen.
Dort verbringt den Rest seiner Tage als Gefangener mit seinem
Harem und seiner Umgebung der vorige abgesetzte Sultan, ein
trauriges Bild gewaltthätiger, von gegenseitigem Mißtrauen er=
füllter Herrschaft. Von dem Palast Belerbe aus wurde auf neu=
hergestellten Wegen durch viele türkische, mit Fahnen geschmückte
Dörfer hindurch, deren Bewohner, namentlich Frauen in großen
Mengen, bescheiden grüßend an den Straßen standen, auf einen
hohen Berg gefahren, von welchem wir einen himmlischen Blick
auf das im Morgenglanze leuchtende, auf seinen Bergen weithin
ausgedehnte Konstantinopel, auf den ganzen belebten Bosporus

und seine malerischen Ufer, das Marmara=Meer mit seinen be=
waldeten und bergigen Inseln, und in die öde Bergwelt Klein=
Asiens hinein genossen.

Einen andern interessanten Ausflug unternahmen die
Majestäten gemeinsam auf der anatolischen Bahn von dem fest=
lich geschmückten Scutari aus, dessen Einwohner dem Kaiserpaar
einen überaus glänzenden und fröhlichen Empfang bereiteten, nach
Klein=Asien hinüber in die berühmte Seiden= und Teppich=Fabrik
des Sultans nach Hereke. Dort hat der Sultan den ersten
Versuch im großartigen Style gemacht, die Kräfte der Ein=
geborenen für Kunstindustrie zu verwerthen. Der Erfolg ist ein
ausgezeichneter. Die Fabrik wurde von den Majestäten lange
und eingehend besichtigt. Einige hundert Männer wirken auf
großen mit Dampfkraft getriebenen Webstühlen Seidenstoffe aller
Art und einige hundert Mädchen von 6—16 Jahren knüpfen mit
ihren Händen die herrlichsten seidenen und wollenen Teppiche
nach berühmten alten Mustern. Der Aufenthalt der Kaiserin
unter diesen bescheidenen, schüchternen und fleißigen Kindern
dauerte sehr lange. Unmittelbar am Strande war ein großer
Saal mit mehreren Nebengemächern und ein glänzender Pavillon
erbaut, alles mit Seidenstoffen behängt und den schönsten Teppichen
belegt. Hier wurde das Frühstück eingenommen und die pracht=
vollsten Erzeugnisse der Fabrik als Geschenke überreicht. Eine
neue Landungsbrücke führte in das stille Meer hinaus, von
welcher unter dem Jubel der Fabrikarbeiter und der netten Kinder
und unter den Zurufen der in Parade stehenden Truppen die
Majestäten am Nachmittag auf der „Loreley“ abfuhren und bei
herrlicher Abendbeleuchtung nach Konstantinopel zurückkehrten.

Den Glanzpunkt unseres Aufenthaltes bildete eine groß=
artige Illumination, wohl die großartigste der Welt. Wir fuhren
den schönen Bosporus zwischen den Marmorpalästen, den mit
reichen Villen, alten Burgen, neuen Befestigungen, orientalischen
Dörfern dicht besetzten Ufern und Anhöhen bis zum Schwarzen
Meere etwa zwei Stunden hinauf. Die Sonne ging unter. Aus
den Forts ertönten Kanonenschläge und in wenigen Minuten war
der ganze Bosporus in ein Lichtmeer verwandelt. Es werden

dazu hunderttausende von Glaslaternen, jede mit ein oder
zwei großen Stearinkerzen, verwendet. Auf Entfernungen von
vielen tausend Schritt steht eine Laterne neben der anderen, die
Mauern, Dächer, Fenster aller Paläste und größeren Gebäude,
Villen 2c. sind so behängt, daß die Umrisse der ganzen Architektur
erleuchtet sind. Man errichtet sogar mit Balken und Latten
ganze Façaden großer schöner Gebäude und hängt an ihnen
Laterne neben Laterne auf. Die Linien der Forts der alten
Burgen bis hoch auf die Berge, die Schiffe mit ihren Masten
werden ebenso beleuchtet. Die Einwohner stellen Lichter an die
Fenster ihrer Häuser, überall brennen lange Reihen bengalischer
Flammen, auf den Bergkuppen sind große Feuer angezündet,
Raketen steigen in die Luft und am Ufer stehen die Truppen und
die in den bengalischen Flammen doppelt bunten Menschenmassen.
In diesem sich in dem schwarzen Bosporus zehnfach wieder-
spiegelnden Feuer- und Lichtmeer fuhren wir nach Konstantinopel
zurück; die herrlichen Marmorpaläste in blendendem Glanze, unsere
in elektrischen Lichtern flammenden stolzen Kriegsschiffe und die
feuerumgebenen, an den Höhen hoch aufsteigenden Häusermassen
boten einen feenhaften Anblick.

Während ihres Aufenthaltes hielten die Majestäten zahlreiche
Empfänge ab. Es wurden die Vertreter der Deutschen Kolonie
und hohe türkische Würdenträger gesehen. Die städtischen Behörden überreichten in feierlicher Audienz eine riesige silberne
Vase und einen silbernen, nach einem alttürkischen Speisewärmer
angefertigten Tafelaufsatz, welcher mit unglaublichem Fleiße und
peinlichster Sorgfalt in kürzester Zeit von einheimischen Kunst-
arbeitern hergestellt worden war. Alle Botschafter wurden einzeln
empfangen, auch der päpstliche Nuntius, welcher besonders darum
gebeten hatte. Bei den glänzenden Gala-Diners wurde nur von
Gold gespeist, und schwere, massiv goldene, moderne, nicht schöne
Tafelaufsätze zierten die von Gästen in glänzendsten Uniformen
engbesetzten Tafeln. Große Illumination, Feuerwerk und Musik
bildeten den allabendlichen Schluß.

Fast jeden Morgen wechselten der Sultan und die Majestäten
durch ihre Abgesandten kleine und größere Geschenke, bestehend
in Schmuck- oder sonstigen Goldsachen, werthvollen Waffen und

2*

Porzellan. Der Sultan, welcher große Vorliebe für Porzellan hat, besitzt unter seiner persönlichen Leitung eine kleine Porzellan=fabrik, deren theilweise schöne Erzeugnisse er in vollem Maße verschenkte; dafür wurden seine Sammlungen durch die kunst=vollen Arbeiten unserer Königlichen Porzellan=Manufaktur be=reichert. Der Kaiser hatte Anfangs die Absicht, der Stadt eine größere Summe für die Armen zu überweisen. Da sich aber in Konstantinopel schwer feststellen läßt, wer arm ist, und wie eine sachgemäße Vertheilung stattfinden soll, so beschloß der Kaiser, sich einer allgemeinen Noth der Armen, welche in diesem trockenen, heißen Jahre besonders hervorgetreten war, des Mangels an gutem Trinkwasser, anzunehmen und in der Stadt einen öffentlichen, immer fließenden Brunnen im romanisch=byzantinischen Styl errichten zu lassen.

Der 22. Oktober war der Geburtstag der Kaiserin. Der Sultan, selbst großer Blumenliebhaber, hatte bis des Nachts um 2 Uhr mit seinem Oberhofgärtner eingehende Besprechungen gehabt, dann waren des Nachts noch alle Gärtnerhände in Be=wegung gesetzt worden, und am frühen Morgen prangten die Säle, die Korridore und Aufgänge zu den Wohnungen der Majestäten im reichsten Blumenschmuck. Schon zeitig begannen die Empfänge, zuerst das preußische Gefolge, dann der türkische Ehrendienst und die hohen Hofbeamten. Der Sultan schickte sein niedliches zehnjähriges Töchterchen, welches Ihrer Majestät ein Bouquet überreichte, ein Gedichtchen deklamirte und dann auf dem Klavier vorspielte. Berliner Mitglieder des Evangelisch=Kirchlichen Hülfsvereins und des Kirchenbau=Vereins sandten eine Aquarelle des der Kaiserin zu ihrem Geburtstage für die Er=löser=Kirche in Jerusalem gestifteten großen, aus bethlehemitischem Marmor gefertigten Altars. Glückwunschtelegramme kamen in solchen Mengen an, daß die türkische Post eine volle Woche brauchte, um die Ausfertigung zu bewältigen, und so mußte ein großer Theil derselben noch bis nach Jerusalem nachgesandt werden. Auch die „Hohenzollern" hatte der Sultan mit Blumen reich schmücken lassen, und auf unsern sämmtlichen vier Kriegs=schiffen waren für Offiziere und Mannschaften Körbe mit Champagner und Wein, Fässer mit Bier, hunderte von lebenden

Hühnern, tausende von Eiern, Fleisch, Gemüse, Brod in solchen Quantitäten geschickt worden, daß für über eine Woche aus= reichend Proviant vorhanden war.

Die Majestäten verbrachten den Rest des sonnigen Vor= mittags in Terapia, dem schönen Sommersitz der deutschen Bot= schaft, dann empfingen sie den Besuch des Sultans und ver= einigten sich mit demselben, zwischen den Truppen und den jubelnden Volksmassen hindurchfahrend, zu einem glänzenden Abschiedsfrühstück in den Räumen des Dolma Bagdsche=Palastes, an welchem alle Würdenträger theilnahmen. Der Sultan über= reichte der Kaiserin bei ihrer Ankunft einen kleinen Strauß von drei Rosen und drei Astern, umgeben von einer kostbaren alten Spitze und getragen von einem Bouquethalter aus feinen goldenen Stäben, mit Brillanten besetzt. Nach dem Frühstück geleitete der Sultan seine hohen Gäste über die Marmor= terrasse zum Gestade. Bei dem herzlichen Abschied und den Dankesworten, welche die Majestäten an den Sultan richteten, wobei beide Monarchen lange die Hände ineinander gelegt be= hielten, sahen wir zum ersten Male das kalte, ruhige und ernste Gesicht des Sultans tief bewegt und ergriffen. Auf seinen Befehl folgte uns der ganze türkische Ehrendienst nach Palästina und traf in Jaffa wieder mit uns zusammen. Außerdem hatte er das herrliche Schimmel=Regiment Ertogrul vorausgesandt, dessen Schwadronen die Majestäten überall empfingen und be= gleiteten und so Tag und Nacht in der großen Hitze ununter= brochen fast drei Wochen, immer biwakirend, angestrengtesten Dienst thaten.

22.—27. Oktober.
Nach Haifa und Jaffa.

Als die Majestäten die „Hohenzollern" bestiegen, standen dort zwei prächtige Syrer auf Posten, in ihren schönen, blauen, roth= verzierten Uniformen mit dem grünen Turban. Zwanzig solcher Leute, welche durch ihre Schönheit und Größe dem 1. Garde= Regiment zur Zierde gereichen würden, hatte der Sultan aus einem seiner besten Regimenter als spezielle Leibwache unseres

Kaiserpaares ausgewählt. Zwei, aus der Nähe von Nazareth
zu Hause, folgten von jetzt ab bei allen Gelegenheiten unmittelbar
dem Kaiser zu Wagen, zu Fuß oder zu Pferde und hatten durch
ihr festes, militärisches und bescheidenes Auftreten und ihre
glückstrahlenden, dankbaren Gesichter bald alle Herzen gewonnen.
Nach den anstrengenden Tagen in Konstantinopel war die Ruhe
der Seefahrt eine Wohlthat für Alle. Nur in der ersten Nacht
wurden wir aufgeschreckt durch den gewaltigen Kanonendonner
aller Forts in den Dardanellen, welche von dem Gestade des
Meeres bis auf die Bergspitzen hinauf herrlich illuminirt und
von den salutirenden Truppen besetzt waren.

Während es in Konstantinopel stürmte und regnete und der
Sultan, darüber besorgt, sich in einem Telegramme nach dem
Befinden der Majestäten erkundigte, erfreuten wir uns einer drei-
tägigen schönen Fahrt bei herrlichem Wetter. Wir passirten die
bergigen, zerklüfteten und zerrissenen Küsten Kleinasiens und
einzelne schöne Inseln wie Mytilene, wo Paulus gepredigt hatte.

Am 25. Oktober Vormittags stiegen in der Ferne über dem
blauen, stillen Meere die Berge Palästinas hervor. Wir Alle
waren auf Deck, trotz der heißen Sonnengluth — es waren
32° R. im Schatten —, als wir in den weiten, von bläulichen
Höhen umrahmten Golf von Haifa einliefen. Alle Berge über-
ragte der stolze Hermon. Links, wo sich zwischen Berg und
Meer eine Ebene hinzieht, lag still und einsam ein kleines, im
Sonnenglanze weiß leuchtendes Städtchen, überragt in der Mitte
von einem hohen Minaret, eng eingeschlossen in alte graue, vom
Meer bespülte Mauern. Es war Akka, das berühmte, mächtige
Ptolemais des Alterthums, das St. Jean d'Accre der Kreuzfahrer, um dessen Besitz so viel Kämpfe getobt, bei welchen sich viele
Tausende von Kreuzrittern verblutet hatten, wo Richard Löwenherz
Wunder der Tapferkeit und Kraft vollbracht und um das noch Na-
poleon I. vergeblich gerungen. Rechts zog sich der lange, gleichmäßige
Höhenzug des Carmel hin, dessen Vorsprung nach dem Meere
ein großes Kloster trägt und an dessen Fuße, am Meere, das
freundliche Städtchen Haifa mit seinen rothschimmernden Ziegeldächern ausgebreitet liegt.

Seitwärts des Städtchens war ein Zeltlager für Infanterie
und Kavallerie aufgeschlagen für die Truppen, welche zum Ehren-

dienst und zur Begleitung der Majestäten kommandirt waren.
Rundherum stiegen von den Höhen dicke Rauchsäulen empor,
welche, von uns zuerst für die in der trockenen Jahreszeit
häufig vorkommenden Waldbrände gehalten, sich als Freuden=
feuer herausstellten, von den Arabern zu Ehren der Majestäten
angezündet. Die türkischen Behörden und die Vorsteher
der Templer=Kolonie kamen zur Begrüßung auf das Schiff.
Am Nachmittag wurde an Land gegangen, wo an der
neuerbauten Landungsbrücke Truppen und Einwohner uns
freudig begrüßten. Es wurden kleine, mit arabischen Pferden
bespannte Wagen bestiegen, und von der Kavallerie, deren Pferde
wie die Ziegen kletterten, begleitet, ging die Fahrt im Trab und
Galopp einen steilen, felsigen Weg auf die Höhe des Carmel
hinauf, wo wir noch gerade zu rechter Zeit ankamen, um die
Berge in der glühenden Abendbeleuchtung und die Sonne in die
goldenen Fluthen des Meeres tauchen zu sehen. Die Rückfahrt
wurde auf einer neu hergestellten Straße an einem schönen
Luftkurort der Templer und dem großen Kloster vorbei angetreten.
Schnell wird es dunkel, aber der Mond beschien den Weg; in
dichte Staubwolken gehüllt, kamen wir zum Strande zurück und
erreichten das Schiff, während das Städtchen mit seinen Freuden=
lichtern die Bucht erhellte und die Templer noch mehrere von uns
bei deutschem Biere zu deutschem fröhlichen Abendschmause
zurückhielten.

Nach heißer Nacht erhob sich die Sonne prachtvoll über die
Berge und das stille blaue Meer und kündete einen herrlichen Tag.
Schon bald nach 6 Uhr gingen wir an Land. An der Landungs=
brücke standen die Truppen in Parade und die Schaaren der jubelnden
Einwohner. Durch sie hindurch gingen wir in den in der Nähe
liegenden großen Schulhof der Deutschen. Es ist dies die Kolonie
der Württemberger, der sogenannten Templer. Die ganze Kolonie
mit Kindern und Enkeln im Sonntagsstaat war versammelt, an ihrer
Spitze ihr braver Vorsitzender, der Vize=Konsul Keller. Liebliche
in Weiß mit den deutschen Farben gekleidete Jungfrauen, kleine
Knaben und Mädchen empfingen die Majestäten und streuten
Blumen. Der Vorsitzende, der evangelische Geistliche, die eben=
falls hier versammelten Geistlichen und Vorsteher der deutsch=

katholischen Gemeinde und die türkischen Stadtbehörden hielten freudig bewegte Ansprachen, die jungen Mädchen und Kinder deklamirten patriotische Gedichte und überreichten selbstgefertigte, sinnige Gaben, auch für die kleinen Prinzen und die kleine Prinzessin. Herzlich dankend, gingen die Majestäten in freund= licher Unterhaltung unter den Alten und den Kindern herum, welche ihnen begeistert zujubelten. Dasselbe freundliche Bild zeigte sich bei dem Besuch in dem sauberen, schön gelegenen Hause unserer deutschen Borromäerinnen, welche kleine arabische Kinder pflegen und erziehen. Die Templer, welche noch so gut schwäbeln, als ob sie eben erst aus ihrer Heimath nach Palästina gekommen wären, sind herrliche, treffliche Leute von tiefer, lauterer Frömmigkeit, Fröhlichkeit und Bescheidenheit. Durch ihren Fleiß haben sie das umliegende Land und die früher öden Berghänge reich kultivirt, besonders mit Wein. Es ist herzerquickend, hier zu sehen und zu hören, wie die deutschen Evangelischen und Katholischen in christlicher Liebe zusammengehen, wie sie fest und treu an Kaiser und Reich hängen, und wie sie dadurch bei den Muhamedanern hochgeachtet und beliebt sind. Nach einem kurzen Besuch in der Evangelischen Kapelle, wo die Kinder sangen, setzte sich unser Zug unter dem Jubel und den Segenswünschen der braven Württemberger in Bewegung.

An der Spitze marschirte eine Abtheilung türkischer Kavallerie, der Schimmelreiter des Regiments Ertogrul, geführt von dem jungen Divisionsgeneral Abdullah Paschah, dem Typus eines eleganten, schneidigen, preußischen Kavallerie=Offiziers; es folgte der Wagen der Majestäten, dessen Eigenthümer, ein schlichter, treuherziger, landeskundiger Württemberger aus Haifa, glückselig war, selbst sein Kaiserpaar in das gelobte Land hineinfahren zu dürfen. Dicht hinter den Majestäten fuhren stets die beiden Syrer. Eine Reihe von 35 bis 40 Wagen schloß sich an mit dem Gefolge, von schön uniformirten, braunen türkischen Gensdarmen geleitet. Den Zug beschloß wieder eine Abtheilung Kavallerie. Hier hatte man zum ersten Male den vollen Eindruck, sich in einer anderen Welt zu befinden. Zu beiden Seiten des Weges standen Hunderte und Tausende der Bewohner der Stadt und der weither aus der Umgegend herbeigeströmten Eingeborenen, meist Araber, christliche und muhamedanische, in ihren bunten

Trachten, mit der vornehmen, stolzen und bescheidenen Haltung; Arme in zerlumpten dunkeln Kleidern, Wohlhabende in Gewänder und Mäntel aller nur denkbaren Farben gehüllt, in Wolle und Seide. Endlose Schaaren von Frauen und Kindern, in weißen, schwarzen und farbigen Trachten, die Christinnen ohne Schleier, meist stehend und freudig winkend, die Muhamedanerinnen bis zu den schwarzen Augen verschleiert, meist hockend, und in der Regel nur dann bescheiden wiedergrüßend, wenn sie zuerst gegrüßt wurden; — aber Alle gleich freundlich, gleich glücklich und erstaunt über das ihnen schier Unglaubliche, was sie hier sahen und erlebten. An unserem langen, von Staubwolken umwallten Zuge jagten auf den ausgetrockneten, harten Feldern etwa 150 Araber zu Pferde auf und ab, arme in einfachsten dunkeln, alten Mänteln, reichere mit buntgeschmücktem Sattelzeug und in neuen schönen, wallenden Gewändern und Schleiern; mancher hatte ein oder zwei Kinder, oder auch seine Frau mit auf sein Pferd genommen. Dazwischen sah man zahlreiche Reiter auf Eseln und Maulthieren, fast Jeder ein charakteristisches Bild. Auf dem stillen, tiefblauen Meere glitten, wie drei stolze weiße Schwäne, unsere Kriegsschiffe neben uns einher. So zogen wir an dem Fuße des bis dicht an das Meer vorspringenden Carmel vorbei in eine ein bis zwei Stunden breite Ebene, welche sich zwischen dem Meere und einförmigen niedrigen Höhenrücken bis nach Jaffa hin über zehn Meilen lang nach Süden erstreckt; die alte, einst blühende und reiche Ebene Sarona, wo Milch und Honig floß, die seit Jahrtausenden berühmte alte Heeresstraße, welche schon die Pharaonen, die Philister, die Assyrer, Babylonier, Alexander der Große, die Römer und die gepanzerten Schaaren der Kreuzritter gezogen waren, wo der Boden ringsum von Schlachtgetümmel der ältesten bis zur neueren Zeit gezittert hat und mit dem Blute von Hunderttausenden getränkt worden ist, noch zur Zeit Christi reich kultivirt und bevölkert und erst nach den Kreuzzügen öde, verlassen und verarmt. Der ganze Weg von Haifa bis Jaffa war für die Majestäten neu hergerichtet.

Es wechselt hier reicher Lehmboden, dessen abgeerntete, aber mäßig bestellte Felder zeigen, was aus ihm gewonnen werden könnte, mit steinigen, von Gestrüpp bedeckten Flächen, oder jetzt von der Hitze ausgetrockneten, brachliegenden Sumpfstrecken. Die niedrigen im Osten begleitenden Höhen erinnern in ihren Formen und ihrer Kahlheit an die Weinberge des Rheins; auch sie sollen noch gute Erde haben, liegen aber unbebaut seit vielen Jahrhunderten, nur hie und da zeigt sich ein ärmliches Araberdorf und einzelne Heerden schwarzer Ziegen. In glühender Sonnenhitze, wieder 32° R. im Schatten, welcher aber nirgends zu finden war, begrüßten wir sogar den heißen Sirokko als Abkühlungsmittel. Der erste Halt wurde an den gewaltigen, auf Klippen in das Meer hinausgebauten Ruinen der Burg Athlit gemacht, deren Quadern seit Jahrhunderten noch heute den Stürmen des Meeres trotzen. Sie war ein Sitz der Tempelritter, ein mächtiger Stützpunkt, an welchem die Kreuzfahrer und Pilger im Mittelalter landeten, und von welchem aus fast hundert Jahre die Tempelherren als Gebieter des Landes schalteten und walteten, wo sie übermüthig ein glänzendes und üppiges Leben führten. In den alten, großen, zerfallenen Hallen und Rittersälen, welche die Majestäten lange und mit großem Interesse besichtigten, hausen jetzt mit ihren geringen Habseligkeiten, einigen Eseln und Ziegen, zwei ärmliche Araberfamilien. Weiterhin sahen wir die ersten großen Palmenbäume des Orients. Dann winkte uns ein kleines freundliches Zeltlager, in welchem wir uns ein wenig von Staub und Hitze erholen und zur Weiterreise stärken konnten. Zur Rettung gegen den in den Wagen doppelt lästigen Staub bestiegen Einzelne die Reitpferde und jagten freiwillig, auch unfreiwillig in dem Sande des Meeresgestades dahin. Wir passirten den kleinen Küstenort Tantura, welcher von Arabern und neueingewanderten, in modernen großen Häusern angesiedelten Juden bewohnt ist. Die dunkeln und schwarzen Männer lagen in ihren Segelbooten am Strande und gaben in ihren bunten Kostümen ein vollständiges Bild von Seeräubern ab. Wir näherten uns einem kleinen, von den über zwei Stunden entfernten Bergen herkommenden Fluß mit reichlichem Wasser; weithin sah man hohe, vertrocknete Schilfmassen. Es ist der Krokodilfluß, einst die Zierde und der Reichthum der Ebene, jetzt den größeren Theil des Jahres von undurchbringlichen, fieberaushauchenden Sümpfen eingefaßt und fieberbringendes, schädliches Wasser mit sich führend. Bei der ungewöhnlichen Trockenheit dieses Jahres waren die sumpfigen Ufer ausgetrocknet; eine neue steinerne Brücke führte über ihn hinweg in tiefem, schwarzen Staube. Da dehnten sich vor uns lange, niedrige Mauerreste aus, im Westen auf zerrissenen Felsen weit in das Meer hinein vorspringend.

Wir betreten das alte berühmte Caesarea, das Kunst= und Prachtwerk, den Lieblingsaufenthalt seines Erbauers Herodes des Großen, wo er in Glanz und Reichthum mit den Römern wett= eiferte, dessen Umgebung er in ein Paradies verwandelt hatte, wo er den stürmischen Meereswogen einen Hafen, unübertroffen sowohl an Festigkeit und Kraft, als an Herrlichkeit des Baues, stolz entgegensetzte. Aber der gewaltige Hafen, die Tempel, Paläste, Theater und Säulenhallen der Stadt, ihr Glanz und Reichthum, mit welchen hier einst 150—200 000 Menschen üppig und fröhlich lebten, die entzückende Umgebung — Alles ist jetzt in einen öden, modernden Trümmerhaufen verwandelt. Wo stand hier am Meeresstrand das Haus Simons des Gerbers, zu welchem Petrus von Jaffa herüberkam, wo ihn der fromme, vornehme Hauptmann Cornelius zu sich rief und Mitbegründer der ersten christlichen Gemeinde wurde? Hier wurde von dem bösen Könige Herodes Petrus in Kerker und Fesseln gelegt, aber ein Engel führte ihn bei Nacht aus dem Gefängniß. Hier predigte und verantwortete sich Paulus vor dem Landpfleger Festus, hier ließ ihn der König Agrippas und seine Gemahlin, neugierig, ihn kennen zu lernen, lange vor sich sprechen; hier im Hafen schiffte er sich ein, um sich als römischer Bürger in Rom vor dem Kaiser Nero zu verantworten. Still erblühte in Caesarea eine große christliche Gemeinde. Zu Konstantins Zeiten erhoben sich zahlreiche Kirchen und Klöster, und es lebten damals hier der fromme Bischof Eusebius und große christliche Gelehrte, bis um 600 die Muhamedaner die Stadt eroberten und die meisten Kirchen in Moscheen verwandelten. Aber nochmals erblühte in der Kreuzfahrerzeit hier das Christenthum, ein reiches buntes Leben entfaltete sich in und um Caesarea auf der Hauptstraße der Kreuzfahrer nach Jerusalem. Könige, Fürsten, Bischöfe, Ritter und Edle aus dem ganzen Abendlande strömen hier zu= sammen, der heilige Gral wird unter Schutt und Trümmern aufgefunden und bildet den Ausgangspunkt einer der herrlichsten und sinnigsten altdeutschen Poesien. Aber mit den Kreuzfahrern

zieht auch die Prunksucht und Schwelgerei, die Ränke- und
Streitsucht entkräftend und zerstörend hier ein. Ein Weltgericht
bereitet sich vor, durch welches über hundert Jahre danach der
Islam auf den Hochmuth und die Genußsucht, auf die Grausamkeit
und Hinterlist, auf das Morden und Plündern der Kreuzfahrer die
furchtbarste Antwort gab: Die christlichen Stätten und mit ihnen
das herrliche, blühende Caesarea sind vom Erdboden vertilgt.
Sechshundert Jahre später betritt zum ersten Male ein deutscher
Kaiser und eine deutsche Kaiserin diese traurige, verlassene Einöde und die verwitternden Schutthaufen, welche meist nur wenige
Fuß den Erdboden überragen. Hier und da große Stücke ge-
borstener Säulen, zerstörte, schön gearbeitete Kapitäle, kleine Reste
von Mosaik, zahllose Marmorstücke. Am alten Hafen liegen oft
zwei, drei Schichten gewaltiger, 1—2 Meter dicker Granit-,
Porphyr- und Marmorsäulen bis tief in das Meer hinein. Die
Araber, welche wiederholt den zerstörten Hafen von Neuem befestigten,
legten in die zwei bis drei Meter starken Mauern viele Säulen
ganz und gebrochen hinein — an einzelnen Stellen starren sie
noch wie gewaltige Kanonenläufe aus den Mauern heraus. Aber
was menschliche Wuth nicht zu zerstören vermochte, das brachen
mit elementarer Gewalt schreckliche Erdbeben. In diesen trost-
losen Kirchhof vernichteter menschlicher Pracht und Größe haben
sich einige hundert muhamedanische Bosniaken geflüchtet, in elende
Häuser, die ihnen die Regierung gebaut hat, wo. sie hinsiechen
und allmälig aussterben, arme, bescheidene, freundliche Leute,
deren vom Elend und Fieber abgezehrte Gesichter vielleicht seit
langer Zeit zum ersten Male und für lange Zeit zum letzten
Male freudig aufleuchteten, als Kaiser und Kaiserin freundlich
grüßend an sie herantraten. Hatten sie doch sogar ihre Häuser
mit einigen türkischen und deutschen Fahnen geschmückt. Die
Ueberreste eines großen römischen Cirkus waren zu weit entfernt,
um sie zu besuchen. Auf gut hergestelltem Wege durch die
Trümmer hindurch wandten wir uns vom Meere ab land-
einwärts.

Aus der Todtenwelt sahen wir auf eine weite Ebene mit
vielen immergrünen Bäumen — besonders Johannisbrotbäume —
mit etwas Gebüsch, und bald lag vor uns ein kleines, von Grün
eingefaßtes Araberdorf, daneben winkten uns in der Abendsonne

zwei freundliche große Zeltlager zu mit lodernden Feuern und dampfenden Kesseln. Im Hintergrunde stiegen einige goldgelbe, öde Wüstenberge auf, in weiter Ferne schimmerten im Abendroth die Bergketten Galiläas und Samarias. Das eine Lager war für die uns begleitenden türkischen Truppen, das andere, etwas über 200 Zelte umfassend, für uns bestimmt. Die runden, oben spitzen Zelte — etwa in der Größe wie unsere Zelte für die Offiziere einer Kompagnie — standen in langen Reihen neben= einander und hintereinander, dazwischen drei größere Salonzelte, eines für Raucher, eines für Lektüre — und das größte für ca. 50 Personen für die Mahlzeiten. In der vordersten Gasse standen die vier Zelte des Kaisers und der Kaiserin, die Zelte der Damen und einiger Herren. Jeder hat ein eigenes Zelt. Die Einrichtung war vorzüglich. Das Innere war mit bunten ägyptischen Decken, der Fußboden mit türkischen Teppichen belegt. Eine große, saubere, bequeme, englische Bettstelle mit Mosquito= Netz, ein Tisch mit Waschtoilette und zwei Lichtern, zwei Stühle, Vorrichtungen zum Aufhängen der Kleider bildeten das Ameuble= ment. Vor jedem Zelt brannte eine Laterne, vor den kaiserlichen zwei. Herrlicher Mondschein beschien das gemüthliche, von den Damen höchst poetisch gefundene Lagerleben. Wie im Manöver umschwirrten bis zur Nacht Kavalleriepatrouillen das Lager, rund herum standen ausgezeichnet instruirte Infanterieposten, an den Zelten des Kaisers wechselten sich auf Posten die Syrer mit unserer Leibgarde ab. Durch die stille Nacht drang das Wiehern der arabischen Pferde und das Geschrei der Maulthiere.

Um Ihnen von dem Umfange des Materials, welches wir zu unserem Nomadenleben allein für den Hof — ohne die türki= schen Truppen — gebrauchten, und von der Großartigkeit unserer Züge, welche die Einöden durchzogen, einen Begriff zu geben, will ich nur einige Zahlen nennen: 230 Zelte, circa 100 Wagen, 12 große Gepäckwagen, an Wagenpferden, Reitpferden, Maul= eseln circa 1300 Stück. Dazu über 100 Kutscher, 600 Treiber, 6 Hauptköche, 6 Nebenköche, 60 Kellner u. dergl. (in Jerusalem noch 25 mehr); etwa 10 Herren zur Leitung und 12 Drago= mane. Dazu denken Sie sich das türkische Gefolge und die türkischen Truppen mit ihrem Train und Troß. Außerdem hatte der Sultan noch etwa 30 Wagen und 95 Pferde zur Ver=

fügung gestellt. So nahmen wir mit den langen Zügen, die uns vorangingen oder folgten, mehr Raum ein, als eine mobile Division.

Schon in der Frühe setzte sich unser Zug auf der welligen Ebene wieder in Bewegung. Bestimmte Wege giebt es hier meist nicht. Das Land ist, namentlich je mehr man sich Jaffa nähert, von tiefen Erdrissen vielfach durchfurcht. Dieselben werden in der Regenzeit von den von den Bergen herabstürzenden Gebirgs= bächen gebildet, sind in der Regel 2—3 Meter breit und ebenso tief, gehen senkrecht in den harten Boden hinein und trocknen in der heißen Jahreszeit aus. Wollte man sie mit Wagen oder zu Pferd umgehen, so könnte man oft stundenlang vergeblich suchen. So sieht man denn oft die Reisenden die Pferde aus= spannen, sie auf in das Erdreich eingehauenen Stufen durch die Risse hindurchführen und die Wagen unter unsäglichen Mühen hindurchschieben. Für uns war ein breiter Weg von Haifa bis Jaffa durch die ganze Ebene hindurch zurechtgemacht, an den Seiten mit niedrigen Gräben und Steinrändern eingefaßt; die Erdrisse waren mit neuen Holz= oder Steinbrücken oder durch gepflasterte Rampen passirbar gemacht.

Wir wanderten an diesem Tage an mehreren Araberdörfern vorbei. Dieselben lagen in der Regel auf Fels= oder Sandhügeln. Von Weitem sehen sie wie kleine starke Festungen aus. Niedrige Häuser, meist aus Lehm, selten aus Stein, mit flachen Dächern, einige höher ragend und starken, dicken Thürmen gleichend, reihen sich eng aneinander zu einem massigen Komplex, der nur hin und wieder durch kleine Fenster unterbrochen wird. Nur wenige Eingänge führen in ein solches Dorf. Oft sieht man ein solches um die Ueberreste alter Kreuzfahrerburgen gruppirt, mit denen Palästina besät war. Im Innern liegen die Wohnräume und Ställe um viereckige Höfe herum. Die Ver= bindung zwischen den einzelnen Stockwerken und dem Dach bildet in der Regel eine Leiter; Stühle, Schränke, Tische, Betten, Oefen u. s. w. giebt es nicht; die wenigen Hausgeräthe und Hab= seligkeiten liegen auf der Erde umher. Feuer in einfachen Kaminen oder mitten auf dem Fußboden wird selten gebraucht. Das Reitpferd, Esel, Ziegen, das Kameel, einige Hühner, selten etwas Vieh bilden den einzigen Schatz der wenig begüterten Bewohner.

Die Unsauberkeit, besonders bei anhaltendem Wassermangel, ist unbeschreiblich; die Nahrung äußerst einfach: Früchte, Gemüse, Eier, wenig Brot, Milch und Wasser, höchst selten Fleisch.

Auf den entfernter liegenden Höhen bemerkten wir auch einige Tscherkessendörfer, aus kleinen Lehmhäusern, mit Stroh= dächern bestehend, sowie die von Rothschild und Montefiore an= gelegten jüdischen Kolonien, welche durch ihre weißgestrichenen modernen Steinhäuser und rothen Ziegeldächer kenntlich waren.

Das interessanteste Araberdorf, welches wir passirten, war Kakun. Dort wohnen die Nachkommen der berüchtigten Assassiden, und heute noch gilt es für jeden Fremden als gefährlich, ohne Begleitung hier zu reisen, oder gar in das Innere des Dorfes einzudringen. Uns aber wurde von diesen Leuten ein geradezu festlicher Empfang bereitet. Die ganze Männerwelt war, als wir uns näherten, aus dem Dorfe herausgeströmt, um uns zu bewundern, die Frauen standen auf den Dächern und winkten uns Willkommengrüße zu. Wir hatten hier Halt gemacht, um die Pferde zu tränken, und so benutzten einige von uns den Aufenthalt, um das Dorf selbst und die am Eingange befindlichen Gehöfte in Augenschein zu nehmen. Die Bewohner= schaft war über den Besuch sichtlich erfreut; die Männer suchten sich uns auf jede Weise nützlich zu machen, die Frauen sprangen mit ihren Kindern von den Dächern und begrüßten uns auf das Freundlichste. Zwei prächtige schwarze Knaben im Alter von vierzehn bis sechszehn Jahren folgten uns lange Zeit und baten durch den Dolmetscher inständigst, wir möchten sie doch nach unserem Lande mitnehmen.

Hinter Kakun treten die Berge immer weiter zurück, die Ebene erweitert sich auf drei bis vier Stunden Breite. Die ganze Gegend gewinnt ein üppigeres Aussehen; man sieht Gärten hinter gewaltigen Kaktushecken, viele Bäume, zahlreiche Vieh= heerden, welche die letzten Stoppeln des ausgetrockneten Bodens fressen. Auch die Bewohner machen einen wohlhabenderen Eindruck. Unser Frühstückslager war an diesem Morgen jenseits eines großen, festungsartigen, äußerst stark bevölkerten Dorfes, Kilkilije, dicht an Benjamins Grab aufgeschlagen. Dasselbe, ein kleiner viereckiger Raum mit Kuppel, in dessen Mitte ein Steinsarkophag steht, liegt in einem kleinen Garten von Feigenbäumen. Dicht daneben

stehen mehrere zerfallene Bogen, wohl Ueberreste eines Ruhe-
plaßes an einer versiegten Quelle. Das Grab ist, wie mehrere
andere in der Nähe befindliche, ein Heiligthum der Muhamedaner.
In großen Mengen waren die Einwohner, troß der furchtbaren
Mittagshiße, von allen Seiten herbeigeströmt und umstanden
neugierig und erstaunt den Lagerplaß. Als wir aufbrachen, gab
uns eine Kavalkade von mehreren hundert Eingeborenen eine
weite Strecke das Geleit. Allen blißte die Freude über unser
Erscheinen aus den Augen, die Lanzen hatten sie mit deutschen
und türkischen Fähnchen geschmückt, und sie gaben sich die größte
Mühe, während des ganzen Weges die Majestäten durch ihre
Kampfspiele, „Phantasias“, zu unterhalten. Charakteristisch war
hier das Erscheinen eines vornehmen, alten Araber-Scheichs. Er
sprengte mit einem Gefolge von zwölf geschmückten Reitern
heran, begrüßte ehrfurchtsvoll von Weitem die Majestäten und
ritt dann lange Zeit mit seinen Leuten in ruhiger Würde in
der Nähe des kaiserlichen Zuges, gleichsam um den hohen Herr-
schaften das Geleit zu geben. Am Ende seines Gebietes angelangt,
empfahl er sich so still und vornehm, wie er gekommen.

Die Vegetation des Landes nahm zu. Wir überschritten
abermals einen wasserreichen Fluß, den Nahr. el Audscha, dessen
Wasser ebenso ungenießbar und schädlich ist, wie das des Kro-
kodilflusses. Die arabischen Reiter hatten uns bis hierher begleitet und hier stieß unser türkisches Gefolge wieder zu uns.
Eine wohlhabendere Bevölkerung, theilweise in europäischer Kleidung,
auch Deutsche begrüßten uns. Auf tiefem sandigen Wege fuhren
wir bergauf; plötzlich lag ein echt deutsch aussehendes Land-
städtchen vor uns, geschmückt wie unsere kleinen Provinzialorte
im Kaisermanöver; echtdeutsche Einwohner, deutsche Schulen,
deutsche Ehrenjungfrauen, deutsche Ehrenpforten empfingen die
Majestäten unter dem heimathlichen, frischen Jubel des
warmen patriotischen deutschen Herzens. Die Württem-
bergische Templerkolonie Sarona stand vor uns, einer jener
wenigen Glanzpunkte des Orients, wo wahre Frömmigkeit, verbunden mit emsigem Fleiße, aus dem öden Palästina fruchtbare
Gärten und Gefilde macht. Freundliche, liebevolle Worte wurden
zwischen dem Kaiserpaare und den Vertretern und Bewohnern
der Kolonie ausgetauscht und nach deutscher Sitte Humpen herr-

lichen Weines, welcher hier gebaut wird, geleert. Die Sonne sank. Als wir Sarona verließen, lag, umringt von einem grünen Kranze von Palmen, Orangen=, Feigenbäumen und anderen tropischen Gewächsen, das schöne Städtchen Jaffa zu unseren Füßen, darüber hinaus das weite blaue Meer und vor dem Hafen unsere stolzen Kriegsschiffe, deren Kanonendonner ertönte, sobald sie auf der Höhe die Kaiser=Standarte erblickten. In dem guten, gemüthlichen und sauberen Hôtel du Parc, von braven Württembergern gehalten, welches seinen Namen durch den herr= lichen umliegenden Park mit Recht verdient, wurde nach dem anstrengenden, heißen Tage die Allen willkommene Rast gemacht. Lange hielten sich die Majestäten in der wohlthuenden Abend= frische in dem Park auf, von welchem die schöne staubfreie Aus= sicht auf die illuminirte Stadt und die See Auge und Herz labte.

---

28. und 29. Oktober.
Von Jaffa nach Jerusalem.

Am nächsten Morgen wurde bei herrlichem Sonnenschein und bereits großer Hitze schon vor sieben Uhr wieder aufgebrochen. Die Majestäten bestiegen am Hotel die Reitpferde. Die türkische Kavallerie und unsere Leibgarde voraus, bewegte sich unser Zug durch die reich geschmückte und bewundernswerth saubere Stadt, deren fröhliche Einwohner in bunten und jubelnden Schaaren die Straßen, Fenster und Dächer dicht besetzt hatten. Wir zogen hinaus in die Anfangs mit Fruchtbäumen aller Art, Oliven und Cactus=Hecken, dann mit fruchtbaren, abgeernteten Feldern reich bedeckte Ebene. Trotz der schon herrschenden Hitze waren unsere arabischen Pferdchen oft ausgelassen vergnügt. Zwei Flügel= adjutanten jagten auf der weiten Ebene lange einen Schakal, das einzige wilde Thier, welches wir während der ganzen Orientreise zu sehen bekamen. Einige Stunden vor uns lagen die öden, schweigsamen Berge Judäas, welche uns von Jerusalem trennten.

Wir erreichten das von grünenden Bäumen umgebene Ramleh, eine bei Beginn der Kreuzzüge noch mächtige, befestigte Stadt, vielleicht damals größer als Jerusalem, jetzt ein kleines, freund=

liches Araberstädtchen mit vielen christlichen Niederlassungen. Die
Einwohner standen großentheils vor dem Orte in schönen Trachten
versammelt und begrüßten mit tiefer Ehrfurcht und Freude das
Kaiserpaar, welches von der großen Straße abbog und sich nach
den Ruinen einer alten Moschee begab. Dort war auf einem
geräumigen Hofe unter starken Oliven, umgeben von imposanten,
zerfallenen Spitzbogengewölben, in der Nähe des wegen seiner
herrlichen Architektur berühmten hohen Thurmes unser kleines
Zeltlager zum Frühstück aufgeschlagen. Die Hitze war auf 32°R. im
Schatten und über 40° in der Sonne gestiegen, sodaß die Rast
hier auf einige Stunden ausgedehnt wurde. In wehmüthiger
Erinnerung gedachte der Kaiser seines hohen Vaters, welcher an
dieser Stelle vor 29 Jahren in den ersten Novembertagen sein
Zeltlager aufgeschlagen und von hier aus den Ritt nach Jerusalem
gemacht hatte. Diese Erinnerung war es auch gewesen, welche
den Kaiser veranlaßt hatte, denselben Weg nach der heiligen
Stadt einzuschlagen, wie einst sein Vater. Hier gelangten
Depeschen ernsten politischen Inhalts an den Kaiser, welche mit
dazu beitrugen, daß die Reise abgekürzt wurde.

Am Nachmittag wurden wieder die Wagen bestiegen und
unter dem Jubel der Bevölkerung die Weiterreise nach den Bergen
hin angetreten. Das Land wurde öde und steinig; felsige Vorberge und Sandhügel trugen Ruinenreste und elende arabische
Dörfer, welche zur Kreuzfahrerzeit noch reiche blühende Orte
waren, so Latrun, dessen jetziger Name darauf hinweist, daß
seine armen Bewohner früher das Räuberhandwerk mit Erfolg
übten. Elend, ausgehungert aussehend, meist in Lumpen gehüllt,
standen sie an der Straße und vor den Orten, freundlich und
bescheiden winkend; viele Männer zu Pferde, das letzte, vielleicht
einzige Zeichen ihres Besitzes und Stolzes. Wohl an 200 derselben begleiteten uns, über die Felsen und durch die Schluchten,
fröhlich hin- und herjagend, bis in die hohen nackten Berge hinein,
in welche wir auf guter Landstraße durch ein tief eingeschnittenes,
steiniges Thal gelangten. Wir fuhren noch eine Stunde
bergauf bis zu einem kleinen, etwa 1/4 Stunde im Durchmesser
sich ausdehnenden Plateau Badi-Ali. Hier standen die beiden
Zeltlager von hohen einzelnen Bergrücken und Kuppen umgeben,
nur an einer Stelle etwas Baumwuchs, sonst mit grauem Fels-

geröll und dornigem Gestrüpp bedeckt, die Gipfel kahle vom
Regen ausgespülte Felsmassen. Nach vier Seiten blickt man in
enge Thalschluchten. Schnell wurde es in den Thälern und auf
dem Plateau dunkel, die Bergesspitzen an der einen Seite glühten
im letzten Abendroth, hinter ihnen stieg der Mond empor und goß
sein Silberlicht über die Berge auf der anderen Seite.

Nach dem heißen Tage war uns von den Landeskundigen
in den Bergen eine kühle Nacht zugesagt worden, und die dicken
Decken wurden hervorgeholt. Aber die Hitze blieb, und es erhob
sich ein glühend heißer Wüstensturm, welcher die Nacht über die
Zelte umheulte und rüttelte und das Schlafen fast unmöglich machte.
Aber, wie bei Märschen im Feldzuge, wurde schon vor Sonnen=
aufgang programmmäßig zum Weitermarsch gerüstet. Der Sturm
hatte ein heraufziehendes Gewitter verscheucht. Weiße Nebelwolken
dampften die Thäler entlang, die Gipfel glühten im Morgenroth.

Unser Zug bewegte sich durch einen von hohen Bergen ein=
geschlossenen Engpaß langsam bergauf. Anfangs waren die
Hänge mit viel Grün, besonders mit Oliven= und Johannisbrot=
Bäumen bedeckt, allmählich werden sie immer kahler, und die
grauen, verwitterten Felsen treten hervor. Die meisten Bergzüge
haben in Palästina ein eigenthümliches Gepräge. Sie erheben
sich in vielen gleichmäßig übereinander liegenden, 2—4 Meter
hohen Felsenterrassen, welche die Berge wie gemauerte Ringe
umgeben. Wo man diese Terrassen benutzt, bieten sie die beste
Gelegenheit zur Kultivirung der Abhänge. Staub und Hitze
wurden lästig. Hinter uns sahen wir durch die Thäler auf die
gestern durchwanderte Ebene bis nach Jaffa und auf das Meer.
Um uns herum schieben sich unregelmäßig die langgestreckten
Höhenzüge ineinander und durcheinander, baumlos, mit von der
Sonnengluth gedörrtem Gestrüpp oder gelbgrauem Stein=
geröll bedeckt; an ihren Füßen winden sich öde, ausgetrocknete
Thäler hin und her, nirgends eine menschliche Behausung, nur
einzelne Ueberreste von Ruinen meist aus der Kreuzfahrerzeit;
hie und da hockt auf einem Felsen, wie ein Berggeist, eine
vermummte Gestalt; eine kleine Heerde schwarzer Ziegen, das
einzige Leben in diesem abgestorbenen Berglande.

Nach einer Fahrt von über 2½ Stunde erreichen wir die
Höhe des ersten Bergzuges. Einige elende Häuser und Oliven,

ärmliche Araber mit zahlreichen Kindern in Lumpen, darunter
viele Augenkranke, stehen an der Straße und grüßen schweigsam,
sich tief verneigend, die Hand von der Erde zum Herzen, Mund
und Stirn führend. Nach allen Seiten sieht man über Berge
und Thäler, vor uns breitet sich ein weiter Thalkessel aus, in
seiner Mitte erhebt sich auf felsigem Hügel wie ein großes Castell,
malerisch von Grün, Bäumen, Wein= und Gemüsefeldern umgeben,
ein Araberdorf, auf dessen Mauern und Dächern türkische und
deutsche Fahnen wehen; seitwärts desselben ragt über Oliven= und
Feigenbäume eine auffallend schöne alte, große, gothische Kirche
aus der Kreuzfahrerzeit. Es war dieser liebliche Ort, in welchem
einige, wohl ohne Beweis, Emmaus vermutheten, das Felsen=
nest Abu=Gosch, so genannt nach einem mächtigen Beduinenscheich,
welcher im Anfange dieses Jahrhunderts mit seinen fünf Brüdern
und ihren 85 Söhnen und Enkeln als Schrecken des Landes
und der Pilger hier hauste. Wir fuhren von der Höhe
hinab. Da, wo sich die Straße dem Dorfe nähert,
hatten die Einwohner eine große Ehrenpforte errichtet
und sich zu Hunderten mit ihren Kindern in festlichen Ge=
wändern versammelt. Bei dem Herannahen der Majestäten
sangen die Kinder, und das Volk rief in langausgedehnten Tönen
den militärischen Kaisergruß der Truppen: Tschok=Jascha (= lebe
lange); rings umher waren die Bergterrassen mit Bäumen,
Wein und Früchten aller Art reich kultivirt. Das Ganze bot einen
freundlichen, anheimelnden und in diesem öden, verlassenen Lande
doch wundersamen Anblick!

Noch zwei Mal zog unser Zug die Höhen bergauf und
bergab, wie eine ungeheure dunkle Riesenschlange in fortwährenden
Krümmungen, sich die weiße sonnenbeglänzte Bergstraße entlang
schlängelnd. In zwölf steilen, kurzen Windungen, von Mauern
nach dem Abhang hin eingefaßt, wie eine schön gebaute Alpenstraße,
führte unser Weg hinab nach dem von zahlreichen Bäumen, be=
sonders Oliven eingefaßten Dorfe Kalonije, wo die Pferde bestiegen
wurden. Eine großartige Gebirgslandschaft umgab uns; rechts
winkte auf halber Höhe aus der Ferne, mit reichen Oliven=
pflanzungen auf den Bergterrassen, ein freundliches Dorf mit hellen
weißen Häusern und hübscher Kirche, der Geburtsort des Evan=
gelisten Johannes, zur Linken thronte über allen Höhen ein spitzer

Bergkegel mit weißem Thurm, Mizpa, der berühmte Ort, wo Samuel das Volk Israel zusammenrief und Saul zum König erkoren wurde.

Von Kalonije ging es wieder lange bergauf in eine trostlose Steinwüste. Die Berge und tiefen Thäler öde und leer — an vielen Stellen traurige Ueberreste alter Ruinen. Plötzlich tritt die Chaussee auf ein Hochplateau in's Freie! Ein Ort der Verwüstung und Zerstörung, wie ihn Dante in der Hölle beschreibt: gewaltige Felsblöcke und Steinmassen liegen wild durcheinander, zur Linken blickt man tief in ein zerrissenes, versengtes Felsenthal, an den Seiten der Straße Maurerüberreste, hier und da ein zerfallendes oder ganz ärmliches Steingebäude. Unwillkürlich drängt sich das Gefühl auf: noch heute lastet ein Fluch auf diesem Lande.

Da stehen zwischen den Trümmern und Steinen auf den großen Felsblöcken im herrlichsten Sonnenschein Hunderte, dann Tausende von Menschen, in allen Typen, weiße, dunkle, schwarze, — Arme und Zerlumpte, Elende, andere in weißen, schwarzen oder farbigen Gewändern, Hunderte von weiß verhüllten Frauen mit zahllosen Kindern, Araber zu Pferde — ärmere Leute auf Eseln. — Sie alle wie wir erstaunt und überrascht. Dort grüßen auf den Felsen in langen schwarzen Talaren die Mitglieder eines christlichen Seminars, dort fröhlich jubelnde Schulkinder, hier und da heftig gestikulirende Gruppen armer Juden in ihren langen Gewändern, bald kreischend, bald winkend, mit den Haarlocken und verzogenen, erregten Gesichtern und dem unheimlichen Ausdruck, wie er dem Juden unterster Stufe eigen ist.

Wir sind vor Jerusalem!

Wir ziehen, Kaiser und Kaiserin in weißen Sonnenmänteln auf Schimmeln voran, die Straße weiter, zwischen unregelmäßig aber aus gutem Kalkstein in das Fels= und Steingeröll gebauten einzelnen Häusern. Die Menschenmassen grüßen mit den Händen winkend und sich verneigend — die Muhamedaner bescheiden zur Erde blickend, die Juden sich tief und unruhig auf und ab beugend mit einschmeichelndem, stechenden Blick; an einzelnen Stellen erklangen deutsche „Hoch's" und „Hurrah's". — Uniformirte türkische Schulknaben sangen, ein türkisches Bataillon war in Parade aufgestellt, seine starke Musikkapelle zerhackte in ohrenzerreißenden Tönen den herrlichen Choral: „Tochter Zion, freue dich!"

Welch eigenthümliches Gefühl — eine solche Ankunft vor dem heiligen Zion.

„Wo ist denn Jerusalem?" so fragten wir Alle. Nachdem man jetzt Alles gesehen und durchlebt hat, möchte man heute am liebsten antworten: „Das Jerusalem, von dem Du seit Deiner Kindheit gehört, von dem Du geträumt, das zu schauen Du Dich gesehnt hast, das Jerusalem ist nicht mehr — es ist im Himmel.

Die jetzige Stadt liegt, wenn man den Landweg von Jaffa herkommt, tiefer als das Hochplateau, auf dem wir uns befanden, und ist durch die moderne, unschöne Judenvorstadt vollständig verdeckt. Nur an wenigen Stellen ragen aus dem eigentlichen Jerusalem einzelne Thürme neuer christlicher Klöster und Kirchen über die Vorstadt herüber, unter ihnen nur eine alte, große Kuppel, es ist die Grabeskirche. Seitwärts von ihr schaut eine mit Klöstern und Kirchen besetzte Bergkuppe herüber — der Oelberg. Eine freie Aussicht hat man von der hohen Straße nur nach Süden, wo erst wenige Häuser gebaut sind. Dort steigt in der Ferne ein wechselvolles, schönes Bergland auf — an einer Höhe glänzt ein weißes Städtchen, es ist Bethlehem.

Wir biegen links von der Hauptstraße in eine kleine Seitengasse ab. Dort stehen in kahlen Gärten zahlreiche, aus dem weißen Kalkstein schön gebaute, moderne Häuser und Villen: russische, armenische, englische Niederlassungen, Wohnungen wohlhabender Christen, unseres Generalkonsuls — und unser großartiges Kaiserswerther Hospital. Ein unbeschreiblicher Jubel begleitet uns hier, man sieht an den Thüren und Fenstern zahllose bekannte, befreundete Gesichter.

Vor einem Hause steht ein alter Araber-Scheich mit weißem Bart in glänzendem Waffenschmuck. Er trat an den Kaiser heran, küßte die ihm dargebotene Hand und drückte sie an seine Stirn: er hatte den Vater des Kaisers vor 29 Jahren bei der Reise durch Palästina begleitet.

Auf einem kleinen, verhältnißmäßig engen, dem deutschen Reiche gehörigen, mit großen Anstrengungen eingeebneten Platze zwischen hohen Mauern, Häusern und Zäunen, von militärischen Wachen stark besetzt, fast ohne Aussicht, ist unser Zeltlager aufgeschlagen, vergrößert durch zwei große, von Goldstoffen leuchtende Prunkzelte des Sultans. Kaiser und Kaiserin wohnen im oberen

Theile in einer großen Baracke mit freundlich eingerichteten Stuben. Auch Post= und Telegraphen=Anstalt befanden sich im Lager. Trotz der schlechten vergangenen Nacht und der heißen sechs= stündigen Reise zu Wagen und zu Pferde wurde nur kurze Rast gehalten, — dann bereiteten sich Alle zum Einzug in Jerusalem vor.

Gegen drei Uhr setzte sich der Zug in Bewegung. Es war ein herrlicher Nachmittag, die heiße klare Luft durch einen leichten Windzug gemildert. Wir gingen wieder auf die Hauptstraße von Jaffa nach der jüdischen Vorstadt; voran viele türkische Offiziere und auf ihren wiehernden Schimmeln die türkische Kavallerie. Es folgte eine kleine Abtheilung türkischer Gensdarmen in ihren schönen Uniformen, sodann in prächtigem offenen vierspännigen Wagen des Sultans Ihre Majestät die Kaiserin mit ihren Damen, einige höhere türkische Offiziere voraufreitend, in der Nähe des Wagens der preußische und der türkische Oberstallmeister, der Kammerherr und ich — alle im Paradeanzug oder orientalischem Kostüme.

Nach kurzem Zwischenraum folgte auf einem seiner Leib= pferde, einem prächtigen, schneeweißen Schimmel, Se. Majestät der Kaiser mit seiner Umgebung, in Tropenuniform, — alle mit weißen Mänteln; dazu die goldglänzende Suite von türkischen Generalen und Offizieren und den beiden Syrern zu Pferde. Dicht hinter dem Kaiser ritten die Träger der flatternden Kaiser= und der Königsstandarte. Ein Zug der Leibgarde zu Pferde reihte sich an — dann die Wagenreihe des übrigen Gefolges und wieder eine Abtheilung türkischer Kavallerie.

War am Morgen mehr ein allgemeines Staunen zum Aus= druck gekommen, so hatten sich jetzt — wohl angefacht durch den deutschen Jubel — die Gemüther der seit Stunden harrenden Menschenmassen erhitzt und begeistert. Der Jubel, die Zurufe, das Grüßen und Winken der Christen, Juden, Muhamedaner und Heiden war unbeschreiblich; die neuen Häuser und Dächer des Judenviertels waren von nach ihrer Art geputzten Frauen dicht besetzt. Eine große Ehrenpforte erhob sich über die Straße. Dort standen zum Empfange auf der einen Seite die türkischen Behörden, an ihrer Spitze der schweigsame, ernste, gefürchtete

Gouverneur von Damaskus, welchem der Sultan die Ueberwachung der Kaiserreise in Palästina anvertraut hatte; auf der anderen Seite waren alte, weißbärtige Rabbiner, in den Armen die großen, schweren, vergoldeten Gesetzesrollen tragend, in langen Gewändern, hohen Barets, wie wir sie uns zur Zeit Christi denken. Sie hielten auf hebräisch lange Ansprachen — die ersten hier —, in denen sie in überschwänglichen Worten die ihnen und der Menschheit von Gott zum Schutz und Segen gesandten mächtigen Majestäten begrüßten. Jüdische Kinder sangen Lieder mit fast noch überschwänglicherem Inhalte.

Die Straße senkt sich allmälig herab. Jenseits der Ehrenpforte steht fast Haus an Haus, alle neu, zwei- und dreistöckig. In einzelnen Berichten ist erzählt worden, daß der Staub so stark gewesen sei, daß in demselben zeitweise der ganze Wagen der Kaiserin und der Kaiser mit seiner Umgebung vollständig verschwunden sei. So unermeßlich der Staub im Allgemeinen war, so traf das hier nicht zu. Im Gegentheil, die sonst mit mehrere Zoll hohem feinen Kalkstaub bedeckte Straße war derartig gesprengt, daß unsere Pferde ausglitten. Immer dichter wurden die Menschenschaaren aller Nationalitäten und Trachten; alle Dächer sind dicht besetzt, immer lauter wird der Jubel. Truppen und Polizei bilden eine dünne Kette, trotzdem ist die Ordnung geradezu imponirend.

Da erhebt sich endlich mehrere hundert Schritt vor uns ein Komplex gewaltiger, hoher, alter Thürme, Mauern und Zinnen. Es ist die Davidsburg von Jerusalem — der untere starke Thurm das Jaffathor. Alles prangt im Schmuck der türkischen und deutschen Fahnen; überall sieht man groß und klein den deutschen Reichsadler — oft in wunderbarster Gestalt — angeheftet. Die breite Straße, die hohen Häuser, die Restaurants, die Fenster und Dächer, die Zinnen der Davidsburg vermögen die unausgesetzt jubelnden, buntfarbigen Menschenmengen kaum zu fassen. Der freundliche Gruß eines mächtigen Kaisers und der Kaiserin reißt die Leute wie eine übernatürliche Erscheinung vollständig fort. Aber jetzt dicht am Jaffathor bricht ein wahrer Sturm von Jubel los. Das sind die lieben Brüder und Freunde aus ganz Deutschland. Ihr Herz, ihre Stimme ist doch noch anders voll als bei den Türken.

Dieses heute im Strahlenglanze der Festesfreude und der buntgeschmückten Menschenmassen erglänzende stolze Jaffathor! Wer es noch, wie einige unserer Freunde, im Frühjahre betreten hatte, der machte dort in althergebrachter Weise seine Studien über das bunte Durcheinander, die lärmende Unordnung und namentlich über den malerischen Schmutz und Verfall des orientalischen Lebens. Vor dem Thor rauchende, essende, lärmende, meist arme, unsaubere, bunte Menschenmassen in und vor schmutzigen Cafés. In dem Innern des engen, mit einem Knie sich umbiegenden Thores ein wüstes Schreien und Drängen, Menschen, Thiere, Wagen aller Art durcheinander. In den anstoßenden Gassen mit schauerlichem Pflaster ein kleiner Kaufladen, eine schmutzige Budike neben der anderen, mit allen erdenkbaren Waaren und Lebensmitteln, wie sie der arme und gewöhnliche Mann gebraucht; ein wüstes Schreien und Lärmen der Käufer und Verkäufer; Orientalen in allen Trachten und in malerischen Lumpen, Kranke, Bettler, Krüppel, beladene Kameele und Maulthiere, dazwischen die berüchtigten Hunde — die einzigen Straßenreiniger — in Massen; dampfende Kessel mit allerhand Speisen, das Ganze von schrecklichem Dunst und Geruch umgeben.

Und heute! — Das Jaffathor im Fahnenschmuck und, gleichwie die Davidsburg und die anstoßenden alten Stadtmauern, vollständig neu restaurirt, innen und außen sauber wie ein Schmuckkästchen. Da das Thor für den Einzug der Majestäten zu schmal erschien, ist zur Seite ein Theil der Stadtmauer abgerissen, der Graben überbrückt, und eine breite Straße führt neben dem Thore in das Innere. Auch hier alle alten Kaufläden und Budiken entfernt, die Häuser neu gestrichen, prächtiges Pflaster, alle Einwohner, wie ihre Häuser im Feststaat, eine Ordnung und eine Sauberkeit, wie sie noch Niemand gesehen und ein unbeschreiblicher Jubel, als die Majestäten einzogen. Auf einem kleinen Platze wurde aus den Wagen und von den Pferden gestiegen.

Die Majestäten schritten mit ihrem Gefolge durch eine nur etwa 5—6 Schritt breite, durch Stufen öfters unterbrochene Gasse hinab. Zu beiden Seiten waren die hohen Häuser, von den tief in das gewölbte Innere sich erstreckenden Läden und Eingängen im unteren Stockwerk an, die Fenster der oberen

Etagen, bis hinauf auf die Dächer mit dichtgedrängten, bunten Menschenmassen buchstäblich vollgestopft. Nicht ohne einiges Herz= klopfen und mit dem sorgenvollen Gefühl, daß hier eine ver= brecherische Hand mit Erfolg ein Teufelswerk ausführen könnte, ging man hindurch. Als wir dann aber auch hier täglich auf Schritt und Tritt die vorsorgliche Hand der Türken gewahrten, fiel uns die Sorge wie ein Stein vom Herzen. Wie in Kon= stantinopel, so hatte auch hier der Sultan strenge Vorsichtsmaß= regeln ergreifen, sogar die Bischöfe und Patriarchen zur Mit= wirkung und sorgfältigen Aufsicht auffordern lassen, sowie eine strenge Bewachung der ganzen Stadt und der wenigen zu ihr, eigentlich nur von Jaffa aus, führenden Straßen angeordnet. Alle Häuser in den Straßen, welche die Majestäten passirten, standen unter Kontrole, einzelne waren sogar geschlossen worden. Den besten Schutz aber übte die muhamedanische Bevölkerung selbst, welche wohl keinem bedenklichen Individuum den Aufenthalt ungestraft gestattet haben würde. Der schlimme Ruf italienischer anarchistischer Arbeiter brachte es mit sich, daß auch Mancher unschuldig litt. So wurde im letzten Augenblicke ein mit Fremden überfülltes Hotel fast seiner ganzen Bedienung beraubt, weil die= selbe aus Italienern bestand.

Nach etwa sechs Minuten gelangten wir aus der engen Gasse auf einen kleinen, kaum 60 Fuß im Durchmesser messenden, von hohen Gebäuden und Kapellen eingefaßten Platz, auf dessen linker Seite sich die alte verwitterte, nicht hohe Façade der Grabes= kirche, in schönem, byzantinisch=romanischen, theilweise reich orna= mentirten Style erhob. Einige Marmorstufen führen zu den drei alten Portalen hinab, von welchen die Türken zwei haben zumauern lassen. Hier standen der lateinische Bischof, der griechische und armenische Patriarch in vollem Ornate, von ihrem zahl= reichen Klerus umgeben. Sie richteten, jeder in seiner Sprache, längere herzliche Begrüßungsreden an die Majestäten, sichtlich tief und freudig bewegt über einen so hohen in der Weltgeschichte einzigartigen und ersten solchen Besuch. Kaiser und Kaiserin reichten ihnen die Hand und dankten in französischer Sprache.

Unter dem Vorantritt der in reich vergoldeten Gewändern stolz einherschreitenden Kawassen des deutschen Konsulates, welche ihre Wichtigkeit mit jedem Schritt durch einen lauten Stoß mit ihren Herolbsstäben auf den Marmorfußboden bekundeten, betraten die Majestäten die Kirche, umgeben von ihrem Ge= folge, den beiden Syrern und der gesammten Geistlichkeit. Alles erstrahlte in einem großartigen Lichterglanz, tausende und aber tausende erleuchteter goldener, silberner und kupferner Ampeln hingen von den schwarzen rußigen Decken und Wänden herunter, dicken Qualm verbreitend.

Die Kirche ist ein Komplex vieler miteinander verbundener Kirchen und Kapellen, welche den Griechen, Armeniern, Lateinern und Kopten gehören, und in welchen eine große Zahl heiliger Stätten, welche Tradition und Legende in die Leidenszeit unseres Heilandes zurückführen, verehrt werden. Das Heiligste ist das Grab des Herrn und dann Golgatha. Wir gingen durch die erste Kapelle, wo die vielfach erneuerte Marmorplatte liegt, auf welcher der Leichnam Christi gesalbt worden sein soll, nach der Hauptkirche, einer großen, von Kaiser Konstantin erbauten, von einer neueren Kuppel überwölbten Rotunde, in deren Mitte das heilige Grab liegt. Dasselbe besteht aus zwei kleinen Marmor= kapellen. Von der kleinen vorderen, reich mit Gold, Silber, Marmor und Mosaik geschmückten, von den werthvollsten Ampeln erleuchteten Kapelle, in welcher etwa sechs Menschen Platz haben, führen einige Stufen durch eine schmale, niedrige Thür in die zweite, das heilige Grab, hinab. Hier funkelt Alles von Marmor, Gold und Edelsteinen; es ist ein kleiner Raum für drei bis vier Menschen, zur Rechten ein uraltes, jetzt mit Marmor bekleidetes, von goldenen Ampeln erleuchtetes Felsengrab. Beide Majestäten betraten diese Stätte zuerst und allein. Tiefe Stille herrschte in diesem Augenblick unter dem großen begleitenden Gefolge. Und doch — zu ernster Sammlung keine Möglichkeit. Zu viel un= ruhige Eindrücke, zu viel — wenn ich so sagen darf — moderne, traurige Erinnerungen stürmten auf Herz und Sinn ein. An dieser Stätte, welche ihre Besitzer für die heiligste des Erden= rundes halten, und welche es vielleicht ist, entzündet sich all= jährlich zu Ostern, nach stundenlangen, feierlichen Ceremonien und Gebeten, das heilige Feuer, welches vom Himmel herabkommen soll. Tausende von andächtigen Pilgern harren erregt seit vielen Stunden in der Kirche und stürzen sich, in religiösem Fanatismus, von Entbehrung und Ermüdung, von der Gluth=

hitze und dem Dunst und Weihrauch überreizt, sobald
die heilige Flamme erscheint, auf dieselbe los, um an derselben,
ehe sie wieder verlischt, ihre Kerzen anzustecken. Es kommt
jedes Mal zu den heftigsten Tumulten und blutigen Schlägereien,
die türkischen Wachposten werden zu Hülfe gerufen und stellen
mit Stockhieben und Kolbenstößen die Ruhe und Ordnung wieder
her, — eine bezeichnende Antwort auf den hier betriebenen Unfug.
Man fragt sich entsetzt, wie es möglich ist, daß sich an so heiliger
Stätte, wo es doch hier unter der Geistlichkeit ernste und fromme
Männer giebt, ein solcher widerlicher Humbug, ein solcher ab=
stoßender, entwürdigender Götzendienst noch immer erhalten kann,
welcher, auf den Aberglauben religiöser Menschen berechnet, nur
dazu dient, priesterlicher Herrschsucht und niedriger Gewinnsucht
zu fröhnen. Welchen Eindruck, welches Urtheil müssen die Türken
mit ihrem einfachen, stillen, andächtigen, von jeglichem äußeren
Schein freien Gottesdienst über dieses Christenthum gewinnen?
Man kann nur aus tiefster Seele trauern und wünschen, daß in
diese Kirche und in das irregeführte, von Sehnsucht und tiefer
Andacht erfüllte Volk das heilige Feuer und die reine Flamme
des lauteren Evangeliums hineinstrahle.

Wir gingen von hier durch die Gold und Marmor leuchtende
sogenannte griechische Kathedrale, die alte Kreuzfahrer=Kirche, hin=
durch und dann etwa dreißig Stufen hinauf zu der Golgatha=
Kapelle. Sie umschließt den Felsenhügel, auf welchem Christi
Kreuz gestanden haben soll. Der Fels tritt in der Kapelle zu
Tage und hat einen tiefen Riß, welcher nach der Tradition bei
dem Tode des Heilandes entstand und durch welchen in einer
unter dem Felsen befindlichen Höhle — jetzt eine glänzende
Kapelle, welche die Majestäten auch besuchten, — das Holz des
Kreuzes hindurchfiel und von der frommen Kaiserin Helena
aufgefunden wurde. In anderen Kapellen wurden noch ver=
schiedene Reliquien gezeigt, dann der Ort, an welchem der Heiland
an das Kreuz genagelt wurde, der Ort der Schächerkreuze, die
Geißelungs=Säule, die Grabesstelle, das Schwert und die Sporen
von Gottfried von Bouillon und viele werthvolle Geschenke
byzantinischer Kaiser und aus neuerer Zeit. So zogen wir —
wohl an 2—300 Menschen dicht gedrängt, wißbegierig sich mit den

freundlich erklärenden Priestern und Mönchen laut unterhaltend, durch die Räume der Grabeskirche hindurch in modriger, von dem Kerzenqualm unerträglicher Luft. Der Gesammteindruck konnte weder erhebend, noch ergreifend sein, im Gegentheil, man war traurig und fast zufrieden, als man aus dem unruhigen, hastigen Menschengewühl in der Kirche wieder in das Freie hinaustrat.

Nur wenige Schritte führten uns, während die dumpfen Glocken der Grabeskirche angeschlagen wurden, durch eine kleine enge Gasse nach dem Muristan. Hier erwarteten uns auf engem Platze zwischen den Ruinen des alten Ordens=Hospitals und der in der Abendsonne leuchtenden, neuen, weißen Erlöser=Kirche die Mitglieder der deutschen Kolonie mit ihren Geistlichen und Vertretern, mit Excellenz Bosse und Barkhausen und vielen Rittern des Johanniter=Ordens, an ihrer Spitze der Hausminister von Wedel, Excellenz von Levetzow und Graf Zieten=Schwerin. Da gab es einen echt deutschen, begeisterten Jubelempfang; Minister Bosse begrüßte die Majestäten mit warmherziger Ansprache, welche mit lauten, durch die Lüfte brausenden und die an den Fenstern und auf den Dächern lauschenden Einwohner in tiefes Staunen versetzenden Hochrufen schloß. Auf diesem Platze hatte schon Karl der Große ein Kloster errichten lassen. Im Jahre 1048 erbauten daneben reiche Kaufleute Italiens die Kirche Maria latina, deren Ruinen der jetzigen Erlöser = Kirche Platz machten und deren schönes altes Portal jetzt als Seitenportal der Erlöser= Kirche dient. Der Schutzpatron der alten Anlagen wurde Johannes der Täufer und nach ihm benannten sich die ausgezeichneten Ritter, welche dem gelobten Lande und den dorthin pilgernden Christen. aber auch den Muhamedanern treue Dienste in der Krankenpflege leisteten. Deshalb blieb in allen Kämpfen des Mittelalters dies Hospital bestehen, und Saladin nahm dasselbe, als er 1187 Jerusalem eroberte, unter seinen besonderen Schutz und ließ es für Krankenpflege wieder einrichten. Daher der arabische Name Muristan, was „Hospital" bedeutet. Erst allmählich im 15. Jahrhundert verfiel dasselbe, und der vorige Sultan machte unserem Kronprinzen, als er Jerusalem besuchte, den berühmten alten Platz mit den Ruinen zum Geschenk. Schon der Kronprinz regte den Gedanken des Wiederaufbaues der Kirche Maria latina und der Errichtung eines Hospizes an.

Es kam aber nur bis zum Bau einer schönen schlichten Kapelle, welche die Majestäten in wehmüthiger, theurer Erinnerung besuchten. Von dort begaben sie sich durch den neu angelegten geschmackvollen Kreuzgang in die Erlöser=Kirche, in deren würdigen einfachen und eindrucksvollen Hallen sie zum Schluß des feierlichen Tages noch längere Zeit verblieben.

Die Sonne ging unter. Auf demselben Wege, wie wir gekommen, unter demselben Jubel der Bevölkerung begaben wir uns nach dem Lager zurück, in dessen Nähe in dem deutschen Konsulate noch ein längerer Empfang aller geistlichen Würdenträger Jerusalems, der Konsuln und der Behörden stattfand. Am Abend ging der Kaiser im Lager umher und überreichte persönlich Jedem das von ihm nach der schönen alten Form gestiftete Jerusalemskreuz. In fröhlicher, wenn auch in etwas müder Stimmung wurde bei dem Abendessen, zu welchem zahlreiche Einladungen ergangen waren, die Reise und der letzte anstrengende Tag besprochen. Die jüdische Vorstadt, die umliegenden russischen und griechischen Klöster und Kirchen, die Stadtmauern und Thürme des alten Zion wurden illuminirt, Raketen stiegen aus der heiligen Stadt laut knallend zum Sternenhimmel empor, aus Leibeskräften blies die türkische Musik preußische Nationallieder und Parademärsche. Welcher Gegensatz zu den Gedanken, in welche man sich gern versenkt hätte! Endlich breitete die stille Nacht ihre Flügel über die Unruhe, die Hast und das Lärmen des Tages aus, das herrlich strahlende Sternenzelt wölbte sich über uns mit tiefer, ernster Stille, wie ein gemeinsamer, heiliger Tempel, uns und die ferne Heimath, alle Menschen ohne Unterschied mit ihrem kleinlichen Sorgen und Streiten, ihrem unvollkommenen Wissen und Streben friedlich umspannend.

II. Vortrag,

gehalten am 4. Januar 1899.

Jerufalem.

Mein heutiger Vortrag foll Ihnen ein Bild über den Auf=
enthalt unferes Kaiferpaares in Jerufalem geben; der vorige
fchloß mit dem Einzuge in Jerufalem am 29. Oktober. Ich be=
ginne heute mit dem 30. Oktober, an welchem Bethlehem und
der Oelberg befucht wurden; es folgt der 31. mit der Einweihung
der Erlöferkirche und der Uebernahme des Marienplaßes, der
fogenannten dormition de la Vierge, und zum Schluß Einiges
über die Stadt Jerufalem felbft.

Der 30. Oktober.
Bethlehem. Der Oelberg.

Bald nach fünf Uhr früh röthete fich der fchöne blaue,
wolkenlofe Himmel hinter der in unfer Zeltlager hinüberfchauenden
Kuppe des Oelberges. Es war wie ein linder Frühlingsmorgen.
Im Lager war noch alles ftill, nur einzelne faßen fchweigend vor
ihrem Zelt; der erfte Morgenfchimmer beleuchtete die hellen Kirch=
thürme der heiligen Stadt, welche über die uns umgebenden
Häufer hervorragten. Die dumpf und tief klingenden großen
Glocken der Grabeskirche — fie haben die Töne D, F, A, wie
die großen Glocken der Kaifer Wilhelm=Gedächtniß=Kirche, nur

nicht so rein und schön — wurden in einzelnen Pausen ange=
schlagen, dazwischen läuteten hellklingende Klosterglocken und die
vollen Töne der vom Kaiser gestifteten Glocken der Erlöser=
kirche. — Friedliches, heimathliches Gefühl! Glänzend stieg die
Sonne empor.

Gegen sieben Uhr verließen wir das Lager, der Kaiser mit
seinem preußischen und türkischen Gefolge zu Pferde voran, dann
die Kaiserin und die übrigen Herren und Damen im Wagen,
unter Eskorte der braven Schimmelreiter. Zur Begleitung des
Kaisers waren noch vier alte würdig aussehende, mächtige Be=
duinenhäuptlinge aus den Gegenden des Jordans und des tobten
Meeres gekommen, welche sich als Gnadenbeweis ausgebeten
hatten, den Kaiser auf seinen Ritten in das Innere des Landes
zu begleiten. Stolz ritten sie mit ihren langen Lanzen, im
Waffenglanze, mit fliegenden Schleiern und langen dunklen
Mänteln auf ihren schönen arabischen Pferden voran. Bis zum
Jaffathor hin standen wieder die fröhlichen, jubelnden Volks=
massen. Dicht vor dem Thore biegt der Weg scharf rechts um
und senkt sich in das Himmon=Thal, zur Linken auf der Höhe
sich hinziehend die hohe zinnengekrönte Stadtmauer, die Ab=
hänge mit Tausenden von buntgekleideten Frauen und Kindern
besetzt, rechts jenseits des Thales sanft ansteigende Höhen mit
mehreren Reihen langer, niedriger, mit rothen Ziegeln be=
deckter Häuser der jüdischen Kolonie, wo deutsche und türkische
Fahnen wehten, und die zahlreichen Einwohner herübergrüßten.

Wir überschritten das Thal auf einer Brücke. Steil führt
die Straße auf der andern Seite in die Höhe zwischen einzelnen
meist ärmlichen, aus Kalkstein fest gebauten Häusern, zwischen
verschiedenen großen Klöstern, christlichen Niederlassungen und
Kirchhöfen hindurch auf die öde, steinige Hochebene. Unter dem
jubelnden Volke sah man trotz der angelegten Festkleider viel
Elend und Armuth, vor Allem Blinde und Augenkranke, trotz=
dem die türkische Polizei mit bewundernswerther Geschicklichkeit,
aber vielleicht übergroßer Strenge alles ferngehalten hatte, was auf
unsere Majestäten einen unangenehmen oder traurigen Eindruck
hätte machen können. So sahen wir zum Beispiel niemals die sonst
große Zahl verkommener und zerlumpter Bettler und die gerade
bei Jerusalem sonst überall an den Straßen sitzenden und Almosen

erbittenden Schwerkranken — namentlich die Aussätzigen, welche von ihren Familien häufig zu gewerbsmäßiger Bettelei benutzt werden.

Von der wüsten Hochebene, welche von kahlen Höhen hie und da wenig überragt wird, auf welcher zwischen dem Fels= geröll schweigsame türkische Posten standen, hatte man einen herrlichen Blick rückwärts hinab auf Jerusalem mit seinen ge= waltigen Festungsmauern und Thürmen, den zahlreichen Kuppeln und Kirchen und auf die diese Seite der Stadt umgebenden tief eingeschnittenen, jetzt öden und von der Sonnengluth versengten Felsenthäler — nirgends ein grüner Baum oder Strauch, nirgends eine Spur von irgendwelcher Kultur. Vor uns wird die Einöde durch einen niedrigen Hügelrücken abgeschlossen. Am Wege leuchten die weißen Gebäude des Klosters Mar Elias, so genannt nach einem Metropoliten des frühen Mittelalters. Dorthin führt die Straße wie durch ein ausgetrocknetes Meer von Steinen und grauen Felsblöcken, nur an dem einsamen Kloster einige ver= krüppelte alte Olivenbäume; am Thore stehen ärmliche Mönche, bescheiden grüßend, mit rauchenden Weihkesseln. Wie mit klagenden Tönen beginnen die alten Glocken zu läuten. Es war Sonntag= morgen!

Wir sind auf der Höhe angekommen. Welche Ueberraschung bot sich Augen und Herzen! Aus der todten, verlassenen, zer= störten Welt hinter uns, — ein großartiger Blick in eine lebende, blühende, herrliche Welt hinein —, von Jerusalem her nach Bethlehem hinüber. Es erschloß sich ein liebliches Gebirgsland von Hügeln, Bergkuppen, schlank und stolz emporstrebenden Berg= spitzen, unter ihnen der hohe Kegel des berühmten Frankenberges hervortretend, im Mittelpunkt vor uns auf einer Anhöhe das freundliche, etwa $^3/_4$ Stunden entfernte Städtchen Bethlehem, hinter demselben bis in weite Ferne wieder hohe Berge. Zur Rechten Hügel und Berge in reicher Abwechslung, an einem derselben das in der Morgensonne weiß glänzende, arabische Christendorf Bedschala. Zur Linken öffnet sich ein imposantes Panorama: Unter sich blickte man viele Stunden weit über Berge, Hügel und Thäler. Zwischen ihnen glitzerte an verschiedenen Stellen das todte Meer hindurch wie blendendes Silber in der Morgen= sonne. Ueber 4000 Fuß lag es unter uns; es sah so nahe aus, als ob man es in einer Stunde bequem erreichen könnte, und lag doch über vier Meilen entfernt. So klar, rein und durchsichtig ist hier die Luft, daß man bei den weitesten Entfernungen Alles immer in der Nähe zu sehen glaubt. Jenseits des todten Meeres traten die dunklen Züge der Moabiter Berge wie eine ferne Alpenlandschaft hervor.

Mit der schönen Landschaft verbindet sich eine reiche Kultur. Statt der bisherigen Steinwüste sah man Bäume, Weinberge, beackerte Felder. Wir nähern uns Bethlehem. Auf einem von grünen Bäumen umgebenen Bergrücken steigen die freundlichen weißen, sauberen Häuser, eng aneinander liegend, mit ihren flachen Dächern etagenförmig auf. Den Gipfel krönt ein großes französisches Kloster mit Kirche. Statt der elenden, armen Menschen um Jerusalem herum, hier kräftige, gut — natürlich in orientalischen Trachten — gekleidete Männer, auffallend schöne, große junge Frauen mit frischer, wenig gebräunter, fast deutscher Gesichtsfarbe, dunklem, üppigen Haar, großen, dunklen Augen, blendend weißen Zähnen, in schönen, langen Gewändern, darüber eine Art buntbestickter Mieder oder Weste und ebensolches Jaquet mit reichem, geschmackvollen Silbergeschmeide an Armen, Hals und Brust, darunter zahllose Münzen. Der Kopf ist von einer steifen hohen Kappe ohne Rand bedeckt, welche, mit bunten Perlen und hunderten von Silber= und auch Goldmünzen benäht, so schwer ist, wie ein Kürassierhelm. Das Alles bildet den Brautschmuck junger bethlehemitischer Frauen, in welchem sie sich an Festtagen gern zeigen, und zwar als Christinnen mit unverschleiertem Gesicht. Sie waren umgeben von einer großen Zahl lieblicher, freundlicher Kinder. Die kräftigen Knaben standen meist schulenweise zusammen und sangen. Die reizende, zutrauliche Art, wie Männer, Frauen und Kinder grüßten und jubelten, frei von der strengen, kalten Zurückhaltung der Muhamedaner, aber voll von dem Ausdruck der arabischen Vornehmheit, Würde und Bescheidenheit, hatte etwas ungemein Anziehendes und Wohlthuendes. Man erkannte hier in jeder Beziehung den guten Einfluß des Christenthums.

Rechts um den Berg, auf welchem Bethlehem liegt, herumfahrend, erreichten wir eine steile Gasse, welche uns zur evangelischen Kirche, der Weihnachtskirche, hinaufführte. Die kleinen,

sauberen Häuser aus weißem Kalkstein waren von unten bis oben
geschmückt und mit den schönen, liebenswürdigen Einwohnern
bedeckt. Die entzückende Kirche im byzantinisch=romanischen Styl
mit ihrem stolzen Thurm, dessen Glocken die Ankunft der Majestäten
verkündeten, liegt über den Häuserchen auf einer kleinen Fels=
erhöhung, wie eine Henne über ihren Küchlein.

Diese Kirche war die erste, welcher im Jahre 1888 die
junge Kaiserin ihren Schutz angedeihen ließ. Sie förderte den
Bau, aber 1889 stockte er, denn die türkischen Baubehörden sind
noch schlimmer und gestrenger als die preußischen. Sie machten
alle möglichen Bedenken und Schwierigkeiten und wollten nament=
lich den Bau des Thurmes nicht gestatten. Im November 1889
machten die Majestäten den ersten Besuch bei dem Sultan. Bei
dem Abschiede ließ derselbe die Kaiserin befragen, ob er ihr noch
irgend einen Wunsch erfüllen könnte. Die Bitte lautete, die
Schwierigkeiten bei dem Bau der Kirche in Bethlehem zu beseitigen
und die Bauerlaubniß für den Thurm zu geben. Ein sofortiges
Telegramm des Sultans sprengte alle Bedenken und Schwierig=
keiten sammt den Baubehörden in die Luft, und ohne Aufenthalt
ging die schöne Kirche ihrer Vollendung entgegen.

Als die Majestäten den Einwohnern freundlich zuwinkten,
erscholl von den Dächern her von den Frauen ein ununterbrochen
lang anhaltender hoher, melodischer, Jubelton „lülülü"; es soll
der alte Ursprung des Hallelujah sein, welchen wir vereinzelt
wohl, aber noch niemals von einer solchen Menge von Frauen
gehört hatten. Der Fels, auf welchem die Kirche liegt, ist von
gemauerten Bogen zugedeckt, durch welche hindurch geschmack=
voll eine Treppe angelegt ist, die zu einer Terrasse vor der Kirche
hinaufführt, von der man eine prachtvolle Aussicht genießt. Auf
der Terrasse war der Vorstand des Jerusalems=Vereins, an seiner
Spitze Graf Zieten=Schwerin, ferner der ehrwürdige alte Bau=
meister der Kirche, Geheimer Rath Orth und viele Geistliche zum
Empfang versammelt.

Tief ergreifend war dieser erste Sonntagsgottesdienst an
dem Geburtsorte des Heilandes, bei himmlischem Wetter in der
lieblichen Kirche. Kaiser und Kaiserin umgeben von den Getreuen
und Treusten ihres Landes! Aus voller Brust und vollem
Herzen drangen gewaltige Chöre durch die geöffneten Kirch=

thüren an das Ohr der draußen andächtig harrenden Menge und stiegen als Dank= und Freudenopfer zum Himmel empor. Nach dem Gottesdienst begrüßten die Majestäten die fast voll= zählig erschienenen deutsch=evangelischen Geistlichen aus Palästina, Kleinasien und Aegypten. In längerer Ansprache wies der Kaiser darauf hin, wie deutscher Sinn, deutsche Treue und Fleiß diesem armen, verlassenen Volke, welches er auf seinem Zuge gesehen, emporhelfen könne. Dazu müßten die Geistlichen in hervorragender Weise mithelfen, nicht aber durch wortreiche Predigten und Bekehrungsversuche, die bei der unbedingten Treue, welche der Muhamedaner zu seiner Religion hat, vergeblich seien, sondern durch ihr Beispiel der Liebe, der Eintracht und Versöhn= lichkeit, vor Allem durch die dem armen Volke so fehlenden und nöthigen Werke der Nächstenliebe. Man solle das Volk — ohne selbstsüchtige oder politische Hintergedanken — in fester Treue zu seinem Herrscher halten und ihm die volle Liebe des Christen= thums entgegenbringen; denn sehr Vieles, was der Muhamedaner jetzt vom Christenthum und von zahllosen Christen im Orient sieht und erfährt, kann ihn nur zurückschrecken.

Die Kaiserin übernahm hier mit Genehmigung Seiner Majestät das ihr angetragene Protektorat über den Jerusalems= Verein.

Auf einem großen Umwege fuhren wir durch das geschmückte, gut gebaute Städtchen, in welchem fast nur arabische Christen wohnen, nach der Geburts= oder Marienkirche. Die griechische, lateinische und armenische Geistlichkeit, welche zusammen, aber nicht immer friedlich die Kirche besitzt, empfing in großer Zahl und mit freudiger Begeisterung das Kaiserpaar. Die Kirche ist eine herrliche, fünfschiffige, altbyzantinische Basilika mit vier stolzen Säulenreihen — im Styl ähnlich der Potsdamer Friedenskirche — von etwa 50 m Länge und 20 m Breite. Kaiser Konstantin ließ sie um 330 erbauen; sie erhielt in späteren Jahrhunderten oft reiche, jetzt meist verschwundene Ausschmückung, namentlich mit Mosaik, ist aber niemals zerstört worden und steht so als die älteste unserer christlichen Kirchen vor uns und über dem Orte, welcher von den Christen schon hundert Jahre nach dem Tode Christi als seine Geburtsstätte bezeichnet wurde. Diese vielleicht älteste aller Traditionen über die heiligen Stätten hat daher wohl An=

spruch auf Glaubwürdigkeit. Unter dem großen Chor liegt die Krypta oder vielmehr die Felsmasse, in welcher sich die Geburts= grotte, mehrere Gänge und künstlich eingemauerte Kapellen be= finden. Auf enger Felsentreppe stiegen wir in die Geburtskapelle. Sie ist etwa 12 m lang, 4 m breit und 3 m hoch, Fußboden und Wände reich mit Marmor bekleidet. Eine Nische mit 15 Lampen, 6 den Griechen, 5 den Lateinern und 4 den Armeniern gehörend, zeigt den Ort der Geburt; eine gegenüberliegende noch kleinere, reich ausgeschmückte, zu der drei Stufen hinabführen, den Ort, wo die Krippe stand. Hier liegt leider, geschmackloser Weise, eine große, glänzend angezogene Wachspuppe.

Von hier sollte das in der Nähe unserer Weihnachtskirche heute eingeweihte, vom Jerusalems=Verein und den Johannitern erbaute Waisenhaus besucht werden. Der Kaiser ritt voraus; aber falsch geführt und durch eine Malteser=Standarte auf einem englischen Hospital irre geleitet, verfolgte er den Weg nach Jerusalem zurück und wurde zu spät über den Irrthum aufgeklärt. Die Kaiserin mit ihrem Gefolge fuhr in entgegengesetzter Richtung abermals um Bethlehem herum, vorbei an unserer Kirche nach dem schönen, großen Hause. Graf Zieten=Schwerin mit dem Vorstande, die Kaiserswerther Schwestern, die Abordnungen der evangelischen Gemeinden Kleinasiens, die zahlreichen Frauen Bethlehems und der evangelischen Gemeinde von Bedschala mit ihren Kindern, endlich die arabischen und syrischen Waisenkinder selbst bereiteten ihrer Kaiserin und seit heute hohen Protektorin einen Empfang, welcher Augen und Herzen übergehen machte.

Rührend war es, wie die Kaiserin mit jedem einzelnen der 60 bis 70 Gemeindevertreter sprach und jedem die Hand reichte; rührend, wie die alten ehrwürdigen Araber aus dem Libanon sich bis an den Kleidessaum der hohen Frau verneigten, die ihnen dargebotene Hand an Herz und Stirn drückten und in ihrer poetischen, frommen und bilderreichen Sprache sagten: daß dies der schönste Tag ihres Lebens sei, den ihnen Gott bescheert habe, und daß sie nicht aufhören wollten, ihm dafür zu danken und für die Kaiserin zu beten. Als dieselbe dann in den Garten unter die jubelnden, singenden Kinder hinaustrat, als sie die Kinder streichelte, einige ganz kleine aus den Armen der erstaunten Mütter nahm und herzte, ein schreiendes Kindchen sogar zur Ruhe auf ihren Armen wiegte, da konnten sich die jungen Frauen und Mädchen nicht mehr bemeistern, alle drängten sie heran, jede wollte einen freundlichen Blick, einen Händedruck erhaschen, jede wollte wenigstens das Kleid der Kaiserin berührt haben — alte Frauen knieten nieder und weinten, eine Alte sang begeistert einen alten arabischen Lobgesang, in welchem Gott für widerfahrenes Glück gedankt wird.

War es die Disziplin und der stille Gehorsam, die Würde und Bescheidenheit, welche wir seither an allen Muhamedanern bewundert hatten, — welch treuherzige Offenheit, welche Tiefe und Freundlichkeit des Gemüths, welch kindliches Vertrauen trat uns hier bei ihren christlichen Brüdern und Schwestern entgegen! Was könnte aus einem Volke mit solchen Eigenschaften werden, wenn auch der muhamedanische Theil sein Herz dem lauteren Evangelium öffnen würde!

In heißer Mittagsgluth erst um 2 Uhr im Lager angelangt, fuhren wir um 3½ Uhr wieder ab nach dem Oelberg.

Der Oelberg ist nicht ein einzelner Berg, sondern ein sich lang ausdehnender imposanter Höhenrücken mit mehreren 2700 bis 2800 Fuß über dem Meere liegenden flachen Kuppen. Er über=ragt Jerusalem um 2—300 Fuß und läuft, an dessen Ostseite entlang nach Norden zu weiter ziehend, durch das tiefe, schmale Kidron= oder Josaphatthal von der Stadt getrennt. Da das todte Meer 1300 Fuß über dem Meeresspiegel liegt, so blickt man von dem Oelberg zu demselben über 4000 Fuß tief hinab.

Durch die Vorstadt am Damaskus=Thor, welche großentheils von gut aussehenden arabischen Juden mit feingeschnittenen Gesichtern, in leidlich sauberen, kleinen neuen Häusern bewohnt wird, fuhren wir einen frisch hergestellten Weg um die Nordspitze des Kidronthales herum, allmählich auf den nördlichen Ausläufer der Oelberggruppe ansteigend. War der Blick am Morgen auf Bethlehem hin großartig und ergreifend, so war er hier überwältigend.

Es schien, als ob wir endlich die heilige Zionsstadt in der alten Würde und dem alten Ernste sehen sollten, wie wir sie uns gedacht und bis jetzt so schwer vermißt hatten.

Die Sonne senkte sich hinter die Stadt. Aus dem dunklen, mit zahlreichen Olivenbäumen besetzten Kidronthale streben wie steile Wälle die Höhen empor, die von den alten, imposanten Mauern und Zinnen gekrönt sind, hinter welchen ansteigend sich die Stadt erhebt, umstrahlt von dem Glanze des mit orientalischer Pracht goldleuchtenden Abendhimmels. Dunkel hoben sich die Mauern, die Kirchen und Kuppeln, das matt silbergraue Häusermeer mit seinen zahlreichen kleinen, unregelmäßigen Kuppeldächern von dem goldigen Hintergrunde ab. Stolz ragten über der Mitte die schwarzen, schweren Thürme der Davidsburg empor, da wo sich Herodes seinen gold= und marmorglänzenden Palast erbaut hatte. Tiefer sank die Sonne, noch goldiger glänzte der Himmel; in ein zauberhaftes mystisches Halbdunkel gehüllt lag unter uns das heilige Zion.

Wie oft hatte es der Heiland, so wie wir heute, vor sich liegen sehen; wie waren hier bei dem ergreifenden Anblick seine Thränen geflossen, als er das schreckliche Ende der halsstarrigen Stadt voraussah.

Da drüben liegt vor uns auf dem großen Tempelplatz von Bogen und Säulen umgeben die mächtige Omar=Moschee, sie erinnert an den alten Tempel; nicht weit von ihr eine herrliche Basilika, da stand vielleicht einst der Palast des Salomo. Dem Tempelplatz gegenüber, am Fuße des Oelbergs, wo sich die Oliven aus dem kaum 100 Schritt breiten Kidronthal am Berge in die Höhe ziehen, sehen wir den Garten Gethsemane. Ein steiler kurzer Weg führt von hier nach dem Stadtthor, jetzt Stephansthor. Hinter dem Thor sieht man im Halbdunkel hohe Mauern, Ruinenreste, ein Kloster, eine Kirche, die Ecce homo-Kirche. Hier am Nordrande des Tempelplatzes stand einst zu dessen Ueberwachung die römische Kaserne, dicht dabei das Haus des Pilatus. Da mögen die Kriegsknechte den Heiland als Gefangenen aus Gethsemane den steilen Pfad hinauf, den kürzesten Weg in die Stadt hinein, im Dunkel der Nacht geführt haben.

In diesen Mauern und Häusern stand er vor Pilatus, vor dem wüthenden Volke, da trat er seinen letzten schweren Gang an, eine kurze Wegstrecke nur, dorthin, wo sich die Umrisse der Kuppel der Grabeskirche zeigen, oder vielleicht ein wenig weiter nördlich, wo dicht vor dem heutigen Damaskusthor der schädel=

geformte Felsenhügel hervortritt. Da erhob sich, von der Stadt und aus der Umgegend weithin sichtbar, in der Gluth und dem Glanze der heißen Mittagssonne das Kreuz mit dem sterbenden Heilande, und als die sinkende Sonne sich wie heute hinter Jerusalem neigte, da nahmen sie den todten Leib vom Kreuze und legten ihn in eines der in der Nähe befindlichen Felsengräber.

Alle diese Orte von Gethsemane bis Golgatha hat auch der Herr gesehen, er ist, wie wir, dort vorübergegangen; sein prophetisches Auge wußte, was sie für ihn, für uns bedeuteten. Er sah uns auch heute und schützte unser Kaiserpaar.

So blicken wir hier auf den Stadttheil Jerusalems hinab, wo sich für das jüdische Volk zur Passahzeit in wenigen Tagen eine stürmische, blutige Scene abspielte, welcher die römischen Machthaber ohne besonderes Interesse und gleichgültig zusahen, weil derartige Scenen etwas tagtägliches waren, denen, sobald der Sturm und die Wuth verraucht war, Niemand mehr Beachtung schenkte, außer damals einige wenige, unbekannte, arme Leute, welche sich nach dem Tode ihres Herrn bei Freunden versteckten; und doch waren es Scenen gewesen, welche die Welt aus den Angeln hoben, die alte Welt zerstörten und der neuen ihr Gepräge gaben, Scenen, durch welche nicht nur die Staaten und Völker aller Nationen, sondern auch das einzelne Menschenherz der höchsten und edelsten Bestimmung wiedergegeben wurde. Hier war die gewaltige That vollbracht, durch welche Gott durch den Tod seines Sohnes die Welt von sicherem Verderben errettete.

Es hat doch etwas wunderbar Ergreifendes für das Menschenherz, wenn es sich in diese Betrachtungen an den Orten selbst versenken kann, wo das größte Wunder der Welt sich vollzogen hat.

Wir fuhren auf der Höhe des etwa 20 Minuten langen Bergrückens weiter entlang. Auf seiner anderen Seite nach Osten breitete sich tief unter uns ein weites, ödes Bergland aus, durchfurcht, ohne jede Kultur, die Höhen wie gewaltige, rothgelbe Meereswogen vom Sturm erregt und plötzlich versteinert, wild durcheinander geworfen — hier hatte der Heiland 40 Tage und 40 Nächte allein verbracht; dahinter sah an einzelnen Stellen wie ein schwarzer Streifen das stille todte Meer und der Jordan

hinburch, an ihrem jenseitigen Ufer glühten im Abendroth die zer=
klüfteten Moabiter Berge.

Wir gelangten auf die südliche breite Kuppe des Höhen=
rückens, gerade gegenüber dem 250 Fuß unter uns liegenden
Tempelplatz, den eigentlichen Oelberg im engeren Sinne. Die
weit ausgedehnte Kuppe ist mit mehreren christlichen Nieder=
lassungen, besonders auf der Spitze mit dem großen russischen
Kloster und seinem hohen Aussichtsthurm, mit Moscheen, Um=
fassungsmauern, einzelnen Häusern eines Araberdorfes und alten
Olivenbäumen bebaut, so daß die Aussicht auf die Stadt fast
verdeckt ist.

Die Majestäten betraten mit Gefolge und Dienerschaft den
russischen von hohen Mauern umschlossenen Besitz, von den Geist=
lichen und Mönchen freundlich und ehrerbietig empfangen. Eine
große, freie, auf zwei Seiten von Cypressen eingefaßte Terrasse
in der Nähe des Aussichtsthurmes war zum Gottesdienst einfach
hergerichtet. Die Marinemusik intonirte den Choral „O Haupt
voll Blut und Wunden". Mit gefalteten Händen standen neben
ihr andächtig die Mönche und eine kleine Anzahl der Bewohner
des Oelberges. Ergreifend sprach der Oberhofprediger über
Gethsemane.

Welche majestätische Landschaft breitete sich von dieser Stelle
unter uns aus! Sie lag da, wenn auch jetzt öde und kahl, so
wie der Heiland trauernd sie überblickte: Ueber und vor uns der
reine tiefblaue Himmel, zur Rechten die Gluth der untergehenden
Sonne, weithin unter uns sechs verschiedene Höhenzüge
mit tiefen Einsenkungen an ihren Hängen, sich unregelmäßig
durcheinanderschiebend, das Bild einer traurigen, verlassenen
Einöde, mit silbergrauem Geröll oder rothbraunem, versengten
Gestrüpp bedeckt; über Alles der weiße Kalkstaub wie ein dünner
Schleier frischgefallenen Schnees gelagert. Steinige, tiefe Thäler
winden sich nach allen Richtungen hindurch. Jenseits der Höhen sieht
man nach Osten wieder die schwarzen Streifen des todten Meeres
und darüber hinaus die von den letzten Sonnenstrahlen golbig
übergossenen Moabiter Berge, ihre zerklüfteten und zerrissenen
Hänge einer zerstörten, von geschmolzenen Gletschern durch=
furchten Alpenwelt gleichend. Weiter nach Süden hin traten die
schöngeformten Kuppen und Bergspitzen in der Umgegend von

Bethlehem hervor. Halblinks unter uns wurde eine kleine Anhöhe gezeigt. An ihrem jenseitigen Hange lag Bethphage, wo der Heiland die Eselin genommen, von wo er am Palmsonntage auf der jetzt noch hier dicht bei uns vorbei führenden alten Bergstraße in Jerusalem eingezogen war. Etwas weiter in derselben Richtung zeigte sich eine mit Oelbäumen bewachsene Kuppe, das einzige Grün in dieser Einöde; an ihrem jenseitigen Fuße liegt Bethanien, der Lieblingsaufenthalt und Erholungsort des Heilandes, wohin er mit seinen Jüngern so oft von Jerusalem gewandert war.

Die Sonne war untergegangen. Friedliche Stille und Ruhe lag über dem Lande des Heilandes, über welches der Vollmond seinen Silberglanz ergoß und seine Strahlen in das todte Meer eintauchte. Freundlich leuchtete er uns zur Heimfahrt. Der 30. Oktober war vorüber, ein herrlicher, ergreifender, geweihter Sonnen= und Sonntag, voll der tiefsten Eindrücke, vielleicht der schönste Tag der Reise.

Der 31. Oktober.
Einweihung der Erlöserkirche. Uebernahme der Dormition.

Gottes Freundlichkeit bewies sich uns täglich auf's Neue; wieder erhob sich die Sonne am wolkenlosen Himmel, die Glocken Jerusalems läuteten wie in der Heimath den hohen Festtag ein — ohne Unterschied, zu welcher von den vielen, hienieden oft hadernden Kirchen sie gehörten, sandten sie gemeinsam ihre Lob=töne gen Himmel.

Bald nach neun Uhr setzte sich ein glänzender Festzug vom Lager aus in Bewegung; alle im strahlenden Paradeanzuge. Voran türkische Kavallerie, türkische Paschas und Offiziere, Be=duinen=Häuptlinge in ihren malerischen Trachten mit den endlos langen Lanzen, dann die Kaiserin im Galawagen, der Kaiser in Gardes du Corps=Uniform mit dem goldleuchtenden Helm und Küraß, gegen die Sonnengluth den langen weißseidenen Mantel über die Schultern, auf seinem schwarzen, prächtigen Roß; hinter ihm eine große Suite, seine Generale und Adjutanten mit weißen Mänteln und die goldglänzenden türkischen Offiziere, unter ihnen der unermüdlich für uns thätige türkische Botschafter in Berlin. Es folgten unsere Leibgarde, die beiden Syrer, türkische Kavallerie und Gensdarmen, schließlich der Wagenzug und wieder eine Kavallerie-Abtheilung. Der Zug bewegte sich nach dem Jaffathor. Die ohne Aufhören jubelnden und fröhlichen Menschenmassen, welche von solcher Feier und solcher Herrlichkeit noch niemals etwas gehört, geschweige denn gesehen hatten, waren noch um viele Tausende, welche täglich vom Lande herzuströmten, vermehrt. Das Staunen, der Dank, die Freude lag auf jedem Gesicht; in den Jubel mischte sich das Geläute der Glocken; eine alte Kanone auf der Davidsburg versuchte zeitweise, mit wenig Pulverladung einen leisen Salutschuß abzugeben.

Von dem kleinen Platze innerhalb des Thores gingen die Majestäten zu Fuß mit Gefolge nach dem nur wenige Minuten entfernten Thor des Muristan. Dort an der Schwelle und bei den Trümmern des uralten Johanniterhospitals wurden sie von den Kommendatoren des Johanniter-Ordens in ihren glänzenden Ordenstrachten mit den langen schwarzseidenen Mänteln empfangen. Excellenz v. Levetzow, der treue Freund und allverehrte Diener unseres Königshauses, sprach ergreifende Worte. Zwischen der türkischen und der deutschen Marine-Ehrenkompagnie mit klingendem Spiel schritten die Majestäten mit dem Festzuge auf dem engen Raume zu dem etwa 100 Schritt entfernten Hauptportal der schönen, in weißem Kalkstein errichteten, sonnenbeglänzten neuen Erlöserkirche. Der stolze, von dem Kaiser selbst nach einem altromanischen Thurm in Tivoli bei Rom entworfene Thurm sandte seine Glockengrüße. Am Portal, wo die höchsten kirchlichen Würdenträger empfingen, hielt Excellenz Barkhausen eine tiefe warmherzige Ansprache. Mit den Worten des Kaisers: „Jesus Christus, gestern und heute und derselbe auch in Ewigkeit!" wurde die Kirchthür aufgeschlossen, und unter dem machtvollen, von der Marinemusik gespielten Choral: „Tochter Zion, freue Dich" fand der Einzug in das dichtgefüllte Gotteshaus statt.

Die Majestäten saßen in der Nähe des schönen, mit hohem Kruzifix versehenen, aus bethlehemitischem Marmor gearbeiteten Altares, welchen Berliner Mitglieder des Evangelisch-Kirchlichen Hülfsvereins und des Kirchenbauvereins der Kaiserin zu ihrem Geburtstage gestiftet hatten.

Wenngleich wir Potsdamer und Berliner Gott sei Dank in den letzten zehn Jahren durch das Eintreten unseres Kaiserpaares für die Kirchennoth an Einweihungen gewöhnt sind und den Verlauf solcher Feiern genau kennen, so hatte doch die Feier an dieser Stelle und mit dieser Festgemeinde etwas besonders Gewaltiges und Ergreifendes. Der deutsche Kaiser, der oberste Schirmherr, die deutsche Kaiserin, die erhabenste Beschützerin unserer evangelischen Kirche, vereinigen sich am Reformationstage in Jerusalem mit fast sämmtlichen evangelischen kirchlichen Würdenträgern Preußens und Deutschlands, den hohen Vertretern der evangelischen Kirchen von Schweden, Norwegen, Holland, Dänemark, Schweiz, Italien, Rumänien und Amerika. In der Erlöserkirche zu Jerusalem schließt der größte und mächtigste Theil der evangelischen Kirche des Erdkreises einen Geistes= und Herzensbund. In Jerusalem, wo Herz und Gedanken dem Erlöser näher sind, scheinen die Schranken, welche die vielen evangelischen Kirchen äußerlich trennen, zu verschwinden; das irdische und himmlische Jerusalem berühren sich hier inniger; das Herz wird sich seiner Schwäche, Unvollkommenheit und Kleinlichkeit mehr bewußt und nimmt einen idealeren Flug.

Welch brennendes Gefühl einer weitherzigen Einigkeit, fester und treuer Liebe durchglühte Alle ohne Unterschied, als der Kaiser selbst zum Altare schritt und mit lauter Stimme die Einweihungsurkunde verlas, und die Worte erklangen von dem alleinseligmachenden Glauben an Christus den Gekreuzigten und Auferstandenen, unseren einigen Erlöser, und daß Glaube und Liebe unzertrennlich sind; daß vor Christus nur der Glaube gilt, der durch die Liebe thätig ist!

Welch tiefen Widerhall diese Worte gefunden hatten, that sich in den schönen Ansprachen kund, welche die Vertreter der anderen Kirchen, namentlich von Sachsen, Schweden, Bayern und Amerika, hielten, als der Kaiser in der Kapelle der Erlöserkirche die Erinnerungszeichen an die Festtheilnehmer persönlich vertheilte.

Wenn doch diese tiefinnerliche Einmüthigkeit, welche bei so außergewöhnlichem Anlasse in so herrlicher Weise zum Ausdruck kam, sich weiter fortpflanzen, die Gemüther dauernd über das

Kleinliche und Werthlose erheben und sich dann auch mehr in dem gewöhnlichen, tagtäglichen Leben unserer vielen evangelischen Kirchen bewähren möchte!

Die Feier, bei welcher auch eine Anzahl nicht evangelischer Bewohner Jerusalems, die Behörden sowie die Herren des größtentheils deutsch sprechenden türkischen Gefolges zugegen waren, dann die machtvollen, aus den geöffneten Kirchthüren unter Orgel= und Posaunenklang in die andächtig auf den Gassen, an den Fenstern und auf den Dächern lauschenden Menschenmassen herüber= bringenden Choräle hatten sichtlich einen tiefen Eindruck auf die ganze Stadt ausgeübt. Ueberall wurde davon mit Begeisterung und Achtung gesprochen. Die vornehmen türkischen Herren drückten uns ihren Dank und ihre Bewunderung aus und sagten immer wieder, daß sie einen solchen Gottesdienst noch niemals gesehen hätten, welcher so würdig, so einfach, so erhebend sei, wie der „ihrige“. Die glühende Phantasie und die Demuth des niederen muhameda= nischen Volkes bewunderte in den Majestäten immer mehr gott= gesegnete höhere Wesen. Diese tiefe Verehrung, welche sich überall ausdrückte, umgab die Majestäten wie ein schützender Wall.

Es war fast ein Uhr, ehe wir ins Lager zurückkamen. Er= frischender Wind verminderte die glühende Hitze. Die fröhlichen Menschenmassen schienen die Straßen, durch welche die Majestäten kamen, nur noch des Nachts zu verlassen.

Gegen 4 Uhr fuhren wir wieder durch sie hindurch, wie gewöhnlich zum Jaffathor, in die Stadt hinein, an den Mauern der stolzen Davidsburg entlang und nach wenigen Minuten zu einem kleinen, auf derselben Höhe liegenden Thor hinaus auf einen einerseits durch die Stadtmauer, andererseits durch niedrige Gebäude und Kirchhöfe begrenzten Platz. Es war die sogenannte „Dormition de la Vierge“, wo Maria nach der Legende gewohnt hatte und gestorben war.

In Anwesenheit der türkischen Behörden und des gesammten türkischen Gefolges sowie des katholischen Bischofs und der Geist= lichkeit, der katholischen Brüder und Schwestern fand durch Seine Majestät die feierliche Besitzergreifung und Uebergabe an die katholische Kirche statt; die Kaiserstandarte wurde gehißt, und die

Musikkapelle der Marine=Ehrenkompagnie spielte die preußische Volkshymne. Der katholische deutsche Pater dankte in warm= herziger, patriotischer, echt deutscher Ansprache.

An dieser Stelle sind noch zwei Heiligthümer, welche den Muhamedanern gehören: das Davidsgrab und das sogenannte Coenaculum, der Saal, wo der Herr das Abendmahl eingesetzt haben soll. Letzteres hat kaum Werth; es ist in einem oberen Stockwerke der wohlerhaltene Rest einer kleinen gothischen Kapelle aus dem 14. Jahrhundert. Das Grab Davids liegt in einem Raum mit starken Mauern und Gewölben darunter. Von außen steigt man einige Stufen hinab, da steht in einer Ecke ein ge= waltiger, mit schwerer Decke ganz bedeckter einfacher Steinsarkophag — weiter nichts. Die Gelehrten nehmen an, daß es sich hier wirklich um den Begräbnißort eines jüdischen Königs aus ältester Zeit handelt. Seitdem die Türken Jerusalem besitzen, hat noch niemals ein Christ dieses auch für den Muhamedaner hohe Heiligthum betreten dürfen und von den Muhamedanern auch nur die bevorzugtesten. Wir wurden Alle zugelassen. Der alte muhamedanische Grabeswächter, ein höherer Beamter mit seinem ernsten Gesicht und fanatisch rollenden Augen, sagte zu Seiner Majestät in strengem, festen Tone, daß der Sultan, sein Herr, ihm habe sagen lassen, daß er alle Wünsche des Kaisers wie Befehle des Sultans auszuführen habe.

Auf dem Rückwege, welchen wir bis zur Davidsburg zu Fuß zurücklegen mußten, begrüßte uns an seiner Klosterpforte der alte, ehrwürdige armenische Patriarch und lud die Majestäten zum Besuche seiner schönen Kirche ein. Blumen und Laub waren über den Klosterhof gestreut, die Geistlichen und Brüder waren auf= gestellt und begleiteten uns — es war Abend geworden — in die schöne, glänzend erleuchtete, mit viel Reichthümern geschmückte Kirche. Dann führte uns der Patriarch eine breite Treppe hin= auf zu seiner Wohnung in einen großen, hochgewölbten, einfach aber gut eingerichteten Saal, in dem viele Portraits europäischer Monarchen hingen. Er zeigte sie den Majestäten. Vor dem Bilde der Kaiserin Elisabeth von Oesterreich blieb er stehen, und dicke Thränen rollten in seinen langen weißen Bart. — Einige Geistliche reichten Limonade und Liqueure herum. —

Tief ergriffen dankte der alte Herr den Majestäten und geleitete
sie beim Fortgehen mit Segenswünschen. Seine ganze Geistlich=
keit machte den Eindruck freudigster und dankbarster Erregung.

In der Dunkelheit erreichten wir erst das Lager. Der Weg
dorthin war illuminirt; es folgte sofort ein kurzes Diner zu
Ehren der Türken, bei welchem Seine Majestät einen dankerfüllten
Toast auf den Sultan ausbrachte, — dann schloß sich ein
langer, bis Mitternacht ausgedehnter Unterhaltungsabend an,
zu dem die gesammte deutsche und ausländische Geistlichkeit
und eine große Zahl der übrigen Kreuzfahrer geladen war —
ein gemüthliches, echt deutsches Hoffest, fast nur mit guten Be=
kannten, in einem von türkischen Truppen bewachten Lager vor
Jerusalem!

In Jerusalem bis 3. November.
Golgatha. Tempelplatz. Klagemauer.

Nun lassen Sie mich von der Stadt Jerusalem selbst er=
zählen. Auf dem Wege nach Bethlehem und auf dem Oelberg habe
ich Sie schon um einen großen Theil der Stadt herumgeführt
und Ihnen den herrlichen Blick vom Oelberg in die Stadt ge=
schildert. Wohl keine Stadt nimmt wie Jerusalem durch seine
gewaltige Geschichte so das allgemeine Interesse in Anspruch;
jeder Christ kennt die alte Stadt und ihre Umgebung mit allen
Einzelheiten von Kindheit an; sie ist die Wiege und der Mittel=
punkt unseres Glaubens. Wenn man das Glück hat, sie besuchen
zu können, bereitet man sich auf diesen Besuch vor wie auf keinen
andern. Aber auch nirgends ist eine gute Vorbereitung so wichtig
wie hier, wenn man mit wirklichem Genuß und Verständniß die
Reise ausführen will. Kein Ort der Welt ist so von Glaube
und Liebe, aber auch so von Aberglauben, heiligen Traditionen,
von zahllosen Legenden der wunderbarsten Art umhüllt wie
Jerusalem. Die suchende Liebe, das warme Interesse, aber auch
Eigennutz und Eitelkeit haben in fast unglaublich erfinderischer,
leider auch unwahrer Weise zusammengewirkt, um möglichst alle
Stätten zu bestimmen und zu besitzen, welche in der heiligen
Schrift vom Opfer Abrahams an bis zu dem Leben des Heilands

und seiner Eltern oder sogar bis ins Mittelalter hinein durch Engel= oder Marien=Erscheinungen irgend eine Rolle spielen. Dadurch ist vielfach dem Aberglauben, hie und da selbst einer Art von Götzendienst Thür und Thor geöffnet. Das Christenthum wird auf diese Weise im Orient geschädigt und den Muhame= danern verächtlich gemacht.

Bedenkt man die fürchterlichen Zerstörungen, welche Jerusalem heimgesucht haben, schon lange vor Christus, dann die schreck= lichste von dem Heiland geweissagte unter Titus, welcher nach der Erstürmung vom Mai an bis in den September hinein stück= weise die Stadt buchstäblich dem Erdboden gleichmachte, so daß kein Stein auf dem anderen blieb; dann immer wieder die Ver= heerungen in den Kämpfen vieler Jahrhunderte, wobei viele Kreuzfahrer, was Sengen und Brennen, Morden und Zerstören betraf, hinter Niemandem zurückstanden, so ist es kein Wunder, daß von dem Alten, selbst aus der Zeit Christi — wenigstens auf der Erdoberfläche, mit Ausnahme der alten Felsengräber — fast nichts mehr vorhanden ist und sich über das wenige Vor= handene sehr schwer Bestimmtes sagen läßt.

Der größte Theil der heutigen Stadt steht auf Trümmer= haufen, unter welchen die Ueberreste des alten Jerusalem 50 bis 200 Fuß tief begraben liegen. Wer will wissen, wie es da unten aussieht. Würden einmal umfangreiche, dann allerdings unge= heuer kostspielige Ausgrabungen gestattet werden, so würde gewiß viel Hochinteressantes und Wichtiges zu Tage treten. So lange dies aber nicht geschieht, ist das Meiste, was dem nicht genau Bewanderten in Jerusalem von den vielen heiligen Stätten er= zählt wird, werthlose Kombination oder willkürliche Erfindung. Von wirklichem Werth, obgleich auch nicht unangefochten, sind die ältesten, in das 2.—4. Jahrhundert nach Christo zurückreichen= den Traditionen über die heiligen Stätten. Daß die ersten Christen das Gedächtniß an viele derselben bewahrt hatten, ist wohl anzunehmen, und daß hieraus der mächtige Kaiser Kon= stantin und seine fromme Mutter Helena für ihre angestrengten religiösen Forschungen nach den heiligen Stätten Nutzen zogen, ist natürlich. Aber die meisten Stätten wurden erst in der Kreuz= fahrerzeit und im späteren Mittelalter ohne jede Forschung, ohne jede Kenntniß bestimmt, um Wallfahrtsorte für die zahllosen

Pilger schaffen zu können, was für den Kenner einen abstoßenden
Eindruck macht und wahrlich nicht nöthig war. Die Stadt
Jerusalem selbst, der Tempelplatz, der unvergeßliche Oelberg,
Gethsemane, Bethanien, Bethlehem, manche durch die neuere
Forschung annähernd bestimmte denkwürdige Orte bieten so viel
wichtige Erinnerungen, daß man nur hoffen kann, daß spätere
Geschlechter mit nüchternem, aber tieferem Ernste die Massen der
Fabeln und kindlichen Legenden durch gründliche Forschung ver-
drängen. Auch hierzu ist durch die Kaiserreise ein mächtiger An-
stoß gegeben.

Wer Jerusalem nicht gesehen oder sich nicht wenigstens genau
damit beschäftigt hat, macht sich in der Regel nach den bekannten
Bildern und Erzählungen von der hochgebauten, einst von Marmor
und Gold strahlenden mächtigen Zionsstadt ein falsches Bild. Und
doch ist es gerade hier zum Verständniß der wechselreichen Geschichte nothwendig, ein ungefähres Bild aus alter und neuer
Zeit sich zu verschaffen. Ich will daher Einiges über die allgemeine Lage, die Größe, die Einwohner und das Aussehen der
Stadt sagen.

Jerusalem liegt auf einem oder vielmehr einigen hohen
Bergen, aber doch nicht so, daß es die Umgegend, wie Viele
denken, überragt und dadurch weithin sichtbar ist. Im Gegen-
theil, es wird, wie Sie hier auf der Karte sehen, von 200 bis
300 Fuß höheren Bergen und Hochplateaus ringsum eingeschlossen.
Die Hochplateaus steigen im Nordwest und Norden von der
Stadt aus allmälig an, so daß dieselbe, wie wir bei unserer
Ankunft sahen, hier an einzelnen Stellen durch die vor den
Mauern liegenden Vorstädte ganz verdeckt ist. Im Südwest,
Süd und Ost wird die Stadt durch die tiefen Thäler Himmon
und Kidron von den hohen umliegenden Bergen getrennt.

Man ist überrascht, wie klein Jerusalem ist, nur einen Kilo-
meter von Ost nach West und wenig über einen Kilometer von
Nord nach Süd zwischen den Stadtmauern, das ist etwa $1/4$ Stunde
Durchmesser nach den verschiedenen Seiten. War es in alter
Zeit und namentlich zur Zeit des Heilandes größer? Jedenfalls
ging damals die südliche Mauer, wie festgestellt ist, $1/2$ bis 1 km
weiter nach Süden und schloß die Hügel, welche von der heutigen
Mauer in der Mitte durchschnitten werden, ganz ein. Diese

beiden Hügel waren zur Zeit Christi stark bevölkert und mit Häusern und Palästen bebaut. Auf dem über 100 Fuß höheren westlichen lag, wahrscheinlich da, wo die jetzige Davids= burg steht, der neue glänzende Palast des Herodes. Die ge= waltigen Thürme der Davidsburg, so schon zur Kreuzfahrerzeit genannt, haben mit David nichts gemein; ihre unteren Theile stammen aus herobianischer Zeit. Auf dem östlichen Hügel stand der herrliche Tempel mit seinen vielen Vorhöfen und. Säulen= hallen. Salomos Palast war schon zu Christi Zeit verschwunden; man nimmt heute an, daß er auf demselben Hügelrücken wie der Tempel, südlich von diesem, nur etwas tiefer gelegen habe. Zwischen dem West= und Osthügel zog in alter Zeit ein tiefes Thal, Tyropoeon, hin, das heißt Käsemacherthal, welches heute durch gewaltige, bis über 100 Fuß hohe Trümmerhaufen fast ausgefüllt ist.

Während man also über die weiter nach Süden vor= geschobene Lage der Südmauer keine Zweifel hat, so ist es bis= her nicht geglückt, Näheres über die Lage der Nordmauer zur Zeit Christi zu bestimmen. An die Entscheidung dieser Frage knüpft sich die Entscheidung über die Lage der heiligsten und wichtigsten Stätten Jerusalems, über Golgatha und das Grab Christi.

Golgatha und das heilige Grab lagen, wie wir aus der Bibel wissen, dicht außerhalb der Stadt. Steht nun, wie namentlich neuere englische Forscher annehmen, die heutige Nordmauer auf der Stelle der alten, so sind das Golgatha und das Grab der Grabeskirche nicht die richtigen, denn sie lagen dann stets innerhalb der Stadt. Da nun Golgatha auf Deutsch „Schädel" und nicht „Schädelstätte" heißt, wie es Luther übersetzt hat, so würde der dicht außerhalb der Nordmauer, vor dem heutigen Damaskus= thor liegende schädelförmige Hügel die Wahrscheinlichkeit, das echte Golgatha zu sein, mehr für sich haben, umsomehr, als sich auch hier in der Nähe altjüdische Felsengräber befinden.

Dem gegenüber vertreten andere, ebenfalls hervorragende Forscher die Ansicht und scheinen sie durch neue Ausgrabungen in einer russischen und andern Niederlassung in der Stadt be= stätigt gefunden zu haben, daß die alte nördliche Stadtmauer etwa einen halben Kilometer weiter südlich der jetzigen gelegen hat — wie Sie hier auf der Karte sehen —, und daß somit die Stelle, wo die Grabeskirche steht, zur Zeit des Heilands außerhalb der Mauer lag. Auch sollte man annehmen, daß die Christen, deren es seit der Zeit des Heilands immer eine größere Zahl in und um Jerusalem gab, bei der tiefen Liebe und gläubigen Ueberzeugung, mit welcher sie an ihrem Herrn hingen, und bei der volksthümlichen Neigung der Heilighaltung ehrwürdiger Gräber, die Stätten, auf denen Gottes Sohn gekreuzigt und begraben war, nicht aus dem Gedächtniß verloren, sondern als Heiligthümer verehrten.

Wenn nun das Golgatha der Grabeskirche eine Schädelform nicht mehr erkennen läßt, so liegt dies daran, daß es noch bis tief in die Erde von Schuttmassen umgeben, vor Allem aber von Kirchen und Kapellen umbaut ist. So viel steht aber fest, daß hier — und doch wahrscheinlich in Folge der christlichen Ueberlieferungen — Kaiser Konstantin Ausgrabungen machen und dann um 330 über dieser Stätte eine prachtvolle Kirche errichten ließ, deren Ueberreste wir in Theilen der heutigen Grabeskirche noch vor uns sehen. Die schon in jener Zeit und im Mittelalter vorherrschende Neigung, Alles auf Wunder zurückzuführen, hat leider den frommen Bischof Eusebius von Caesarea, der von 264 bis 340 lebte und über die heiligen Stätten berichtet, veranlaßt, auch die Auffindung Golgathas und des Grabes Christi ausschließlich auf eine übernatürliche Erscheinung und göttliche Eingebung zurückzuführen, statt uns auch zu erzählen, welche Gründe den Kaiser Konstantin und seine Mutter veranlaßten, grade an diesen Stellen zu forschen.

Für den Laien und Nichtforscher scheint auf den ersten Blick das sogenannte „Englische Golgatha" dicht vor dem Damaskus-Thore das wahrscheinlichere. Aber auch Professor Moritz, welcher die Majestäten durch Palästina als sachverständiger Gelehrter überallhin begleitete und mit ihnen diese Höhe und die in der Nähe liegenden uralten Felsengräber besichtigte, neigt sich der englischen Ansicht zu. Die Aussicht auf die Stadt ist von diesem Golgatha, welches jetzt muhamedanischer Begräbnißplatz ist, ungleich schöner und umfangreicher, als es von dem andern gewesen zu sein scheint, und ein Aussichtspunkt oder vielmehr eine Stelle, welche von weither gesehen wurde und deshalb den ihrer Form entsprechenden Namen erhalten hatte, ist das alte Golgatha gewesen. Aber ehe man nicht den Zug der alten Stadtmauern, welche übrigens schon im Alterthum und später bis in das Mittelalter hinein wiederholt gewechselt haben, ehe man namentlich die Mauern zur Zeit Christi nicht genau feststellen kann, ist eine Entscheidung über die Streitfrage — wenn sie überhaupt zu lösen ist — unmöglich.

Da indeß die Lage des Tempelplatzes und des Palastes des Pilatus sich mit einiger Wahrscheinlichkeit bestimmen läßt, so läßt sich danach auch ein Bild über die muthmaßliche Lage von Golgatha geben. Es war nicht weit von dem Hause des Pilatus, wo der Heiland verurtheilt und dann hinausgeführt wurde nach Golgatha „nahe bei der Stadt". Der nächste Weg zur Stadt hinaus ging nach Osten, dort aber liegt das tiefe Kibronthal und jenseits der Oelberg. Nach Süd oder West wäre ein weiter Weg gewesen und dann kam man in das tiefe Himmon= thal oder auf das Plateau. Mithin kann nach diesen Richtungen Golgatha nicht gelegen haben, und es bleibt nur die Richtung und der Weg nach einem der beiden strittigen Golgatha übrig; beide sind nur etwa 500 Meter auseinander, beide vom Hause des Pilatus etwa 10 Minuten entfernt.

Steht die Grabeskirche an der richtigen Stelle, also außer= halb der alten Nordmauer, so war Jerusalem zur Zeit Christi im Norden, gegen heute, ungefähr um dasselbe Stück kleiner, als es im Süden größer war. Jedenfalls haben wir uns das alte und das neue Jerusalem ziemlich gleich groß zu denken, und zwar nur etwa $\frac{1}{4}$ Stunde Durchmesser nach allen Seiten. Fast ein Viertel der Stadt nahm, wie noch heute, der Tempelplatz ein. Zieht man dann noch den Raum für den Palast des Herodes mit Garten, einige andere Paläste, Kasernen und Staatsgebäude ab, so bleibt der Raum für die Einwohner ein äußerst beschränkter. Und in der That ist die Einwohnerzahl niemals eine sehr bedeutende gewesen. Zur Zeit der alten Könige hat sie 20—30 000 Seelen wohl kaum überschritten. Wenn es bei den Zerstörungen, welche im alten Testament erzählt werden, heißt, daß das Volk Israel in die Gefangenschaft geschleppt wurde, so bezieht sich dies doch nur auf 7—8000 vornehme und wohlhabendere Leute mit Frauen und Kindern. In der Römer=

zeit, wo ein großer Zusammenfluß nach Jerusalem, als der Hauptstadt der reichen Provinz Syrien, stattfand, mag sich die Zahl der Einwohner mit den Vorstädten auf 80—90 000 gehoben haben. Zu den großen Festen strömten tausende und abertausende von Juden nach der heiligen Stadt. Wer in der Stadt kein Unterkommen fand, lagerte unter freiem Himmel, in Zelten, in Grotten und in den umliegenden Orten — da mögen wohl oft Hunderttausende, auch über eine Million dort versammelt gewesen sein. Ebenso zogen viele Juden hin während der Kriegszeit, bei Aufruhr, besonders als es galt, das römische Joch abzuschütteln. Das furchtbare Blutbad, welches die römischen Soldaten unter den sich mit verzweifelter Wuth wehrenden Juden anrichteten, mag Hunderttausenden das Leben gekostet haben. Kein Jude wurde nach der Eroberung mehr in die Stadt eingelassen und die heute dort wohnenden sind zum größten Theile und meist erst in neuerer Zeit aus Europa wieder eingewandert.

Von der Zerstörung unter Titus hat sich Jerusalem niemals wieder erholt. Nur wenige tausend Nichtjuden wohnten dort, als Kaiser Hadrian 60 Jahre nach der Zerstörung die Stadt nach eigenen Plänen wieder aufbauen ließ. Hauptsächlich christliche Griechen und arabische Stämme, auch unter ihnen viele Christen, ließen sich dort nieder. Durch die zahlreichen Kirchen, Klöster, besonders unter Kaiser Konstantin, fing die Stadt an sich wieder zu heben. Als die Muhamedaner im Jahre 638 dieselbe einnahmen, zählte sie vielleicht 40 000 meist christliche Einwohner. Die Muhamedaner, deren viele nach der ihnen ebenfalls heiligen Stadt zogen, übten große Toleranz gegen die Christen. Die Kreuzfahrer wüsteten und mordeten in unmenschlicher Weise und entfesselten den muhamedanischen Fanatismus. Alles was sie in Jerusalem an Juden und Muhamedanern fanden, wurde niedergemacht, der größte Theil der Stadt zerstört. 1187 eroberte Saladin die Stadt wieder und verfuhr glimpflich mit den Christen, seit ca. 1250 blieb sie in ununterbrochenem türkischen Besitz.

Während dieser vielen Verwüstungen und Kämpfe, namentlich auch der Kreuzfahrer unter einander, war Jerusalem immer tiefer gesunken, immer mehr verarmt, seine Einwohnerzahl war ganz zurückgegangen und erst um das Jahr 1800 hatte sie sich wieder auf etwa 20 000 gehoben, darunter aber wenig Christen und Juden, meist Muhamedaner. Zwischen 1860 und 1870 nahm die Stadt einen Aufschwung, besonders durch den Zuzug von Christen, welche viel zur Hebung von Handel und Gewerbe beitrugen und durch ihre Niederlassungen zahlreiche jährliche Pilgerfahrten veranlaßten und dadurch reges Leben und Mittel der Stadt zuführten. Am größten ist durch die ausgedehnte Kolonisation der reichen Rothschild, Montefiore und Hirsch der Zuzug der Juden — allerdings meist ganz armer, verwahrloster aus Rußland, Polen und Galizien. So zählt heute die Stadt mit den Vorstädten fast 70 000 Einwohner, darunter 50 000 Juden, nur 7000 Muhamedaner und etwa 12 000 Christen, von welchen die größere Hälfte griechisch = orthodox, 4000 Lateiner, d. h. römisch=katholisch, 1200 Evangelische sind. Unsere deutsch= evangelische Gemeinde zählt etwa 250 Seelen, die der Württembergischen Templer etwa 600. Die Deutschen, sowohl Evangelische als Katholische, welche fleißig und redlich arbeiten und dem armen Volke mit Werken der Barmherzigkeit dienen, haben eine hochgeachtete Stellung.

An die zahlreichen glänzenden Bauten der alten Zeit erinnert heute nichts mehr. Man sieht nur neue moderne Klöster und Kirchen und ärmliche, elende Häuser. Die wohlhabenderen Leute wohnen in den Vorstädten des Westens und Nordens in modernen Baulichkeiten. Aber die Häuser im Innern in ihrer Bauart und die sie bewohnenden Menschen in ihrem Leben und in ihren Trachten erinnern noch ganz an das arme, niedrige, ungebildete und verlassene Volk, wie es uns zur Zeit des Heilands geschildert wird. Ihre Behausungen niedrig, der untere Theil vielfach Kaufläden, Ställe, Handwerkstätten aller Art mit sonderbaren uralten Geräthen, Mühlen von Maulthieren, auch Kameelen bewegt, Alles in der Art, wie wir es in der Bibel lesen; im oberen Stock Wohnräume, nach der Straße selten ein Fenster. Von dem engen inneren viereckigen Hofraum gelangt man in die Zimmer. Da der graue Kalkstein fast nichts kostet, das Holz aber sehr theuer ist, so ist Alles massiv aus Stein gebaut und auch massiv überwölbt; in der Regel über jeder Stube eine kleine Kuppel. Je nach ihrer Größe sind die Stuben un=

gleich hoch, manchmal durch enge unbedeckte Gänge von ein=
ander getrennt. So hat eine solche Behausung oft fünf oder
sechs verschieden hohe und verschieden große Kuppeldächer,
welche bei dem Blick vom Oelberg in die Stadt derselben
ein so eigenartiges Gepräge geben. Die kleinen engen Gassen
sind an vielen Stellen zugewölbt, daher dumpfig und un=
gesund, ein halsbrecherisches Pflaster, außer wo es für
uns erneuert war. Durch starke Regengüsse und Erdbeben
sinken die auf den Schuttmassen gebauten Häuser und Straßen
oft ein. Wo die Majestäten hinkamen, war Alles sauber
und ordentlich; wer daher nicht in entlegene arme Stadttheile
ging, konnte sich von dem gewöhnlichen schrecklichen Schmutz, dem
Elend, der Armuth und dem Siechthum keine Vorstellung machen.
Möbel finden sich in den Häusern selten, bei den Armen gar
nicht. Bei dem Wassermangel ist in der Mitte des gepflasterten
Hofes eine nicht tiefe Cisterne, in welcher sich das Regen= und
auch viel Schmutzwasser sammelt. Diese schreckliche grünschlammige
Brühe wird vielfach zum Kochen und sogar zum Trinken benutzt.
Dadurch gewinnt man eine Vorstellung von dem erschreckenden
Elend, Armuth und Schmutz vieler solcher Behausungen.

Die Wasserfrage ist von Alters her eine wichtige für ganz
Palästina und speziell für Jerusalem. Schon aus dem alten
Testament sind uns berühmte Brunnen bekannt. Jerusalem hat
damals viele und gute Wasseranlagen gehabt, tiefe unterirdische
Cisternen mit großen Räumen und Gängen mit vorzüglichem
Wasser waren vorhanden, welche bis auf Salomo und seine Nach=
folger zurückgeführt werden, aber bei den Zerstörungen großen=
theils verschüttet wurden. Jeder kennt den Teich Siloah und
Bethesda. Selbst noch in der Kreuzfahrerzeit war so viel
Wasser in der Stadt vorhanden, daß dieselbe niemals bei
Belagerungen an Wassermangel litt, während die Belagerer
oft verschmachteten. Heute ist das Meiste an alten Quellen und
Teichen verschüttet und in heißer Zeit häufig großer Wasser=
mangel; nur einige alte Cisternen sind aufgedeckt, so tiefe
unterirdische Gänge mit Säulen in dem Ecce homo-Kloster,
vielleicht die alte Quelle des Bethesda=Teiches. Auch ist man
hier auf das alte Straßenpflaster gestoßen. Leider kümmern sich
seither die türkischen Behörden nicht um bessere Wasseranlagen und

laſſen Alles in muhamedaniſchem Fatalismus gehen. Das Waſſer
war während unſerer Anweſenheit in Folge der ſeit April andau=
ernden Trockenheit theuer. Ein für uns gemietheter, ſtreng bewachter
guter Brunnen koſtete täglich 100 Mark. Die Geſammtausgabe
für unſer Waſch= und Kochwaſſer betrug täglich etwa 500 Mark.
Trinkwaſſer floß aus ungezählten Flaſchen mit ſogenanntem
„Apollinaris". In der Stadt wurde das Waſſer gläſerweiſe
verkauft. Unſere Freunde von der „Midnightsun", oder, wie
der Berliner ſagt, „Mitleidsſonne" erhielten, da man ſich bei
dem furchtbaren Staub öfters waſchen mußte, drei Kaffeetaſſen
Waſchwaſſer täglich.

Die Waſſerträger ſchleppten in ihren zerlumpten uralten
Trachten das Waſſer in den uns aus dem Teſtament bekannten
ſchwarzen Ziegenfellen herum, bei denen der Kopf und die halben
Beine abgeſchnitten ſind. Das mit Waſſer gefüllte Fell koſtete
1—2 Mark. Von hunderten ſolcher Leute ließen die Türken die
Hauptſtraßen in und um die Stadt, wohin die Majeſtäten kamen,
täglich ſprengen.

Unſer eingehendſter Beſuch galt dem Tempelplatz, welcher erſt
ſeit dem Krimkriege Nicht=Muhamedanern wieder zugänglich ge=
macht iſt, welcher aber von Juden niemals betreten wird aus
Furcht, den Ort des Allerheiligſten zu berühren. Durch das
Damaskusthor ritt der Kaiſer und fuhr die Kaiſerin die engen
Gaſſen entlang. Es war eine Freude, die über den Beſuch
glückſtrahlenden Geſichter der armen Bewohner zu ſehen. Eine
lange, ſchmale, meiſt überwölbte, durch Stufen unterbrochene
Gaſſe, in welcher Behörden und Truppen Spalier bildeten, führte
zum Tempelplatz hinauf, wo die geiſtlichen Würdenträger der
Moſchee die Majeſtäten empfingen.

Vor uns dehnte ſich der großentheils mit Steinplatten be=
legte Tempelplatz in einer Breite ·von etwa 400 m, in einer
Länge von etwa 600 m aus; in der Mitte die herrliche Omar=Moſchee
mit ihrer gewaltigen Kuppel oder richtiger der Felſendom, ſo ge=
nannt nach dem berühmten Opferfelſen, über dem er errichtet;
am Südende die große Baſilika, die Akſa=Moſchee, die Oſt=,
Süd= und ein Theil der Weſtſeite iſt von der hohen Stadt=
mauer, der Reſt von feſtungsartigen, niedrigen Dienſtgebäuden,
einer Kaſerne und einer kleinen, auf herodianiſchen Mauern er=

bauten Moschee eingeschlossen. Der ganze Platz war sauber und rein, die Häuser, alte Bogen mit frischen bunten Farben bemalt, sogar die ehrwürdige Aksa=Moschee hatte sich einen hellgelben Anstrich gefallen lassen müssen. Ueber der Ostseite erhebt sich stolz der Oelberg.

Schon David, als er Jerusalem erobert hatte, fand hier den Felsen als geheiligte Opferstätte, bei welcher er den Brand= opferaltar errichten ließ. Salomo baute den ersten glänzenden Tempel, welcher indessen von dem dritten, dem Herodianischen, an Glanz, Schönheit und Reichthum weit übertroffen wurde. Von Letzterem sind die letzten Reste in den Fundamenten, hie und da auf salomonischem Mauerwerk ruhend, in den Umfassungsmauern und den großartigen Unterbauten des Tempelplatzes erhalten.

Eine genaue Beschreibung des Herodianischen Tempels mit seiner Pracht, seinen Marmorhallen, Vorhallen, Wandelgängen und der herrlichen Aussicht von diesen, dann eine Schilderung der Stadt Jerusalem und ihrer Zerstörung durch Titus giebt der berühmte Jude Josephus, welcher mit an der Spitze des Aufstandes gegen die Römer stand, sich dann aber mit den rabiatesten Zeloten entzweite, zu den Römern überging und die Belagerung mitmachte.

Auf dem Tempelplatz war der Mittelpunkt des Lebens, des Treibens und des Handels der Juden; hier war der Versammlungs= ort der Priester, der Pharisäer, der Vornehmen und Armen; hier säuberte der Heiland den Vorplatz des Tempels von den Wechslern und Verkäufern; hier spielten sich die ewigen Unruhen, die blutigen Kämpfe und Aufstände der Juden untereinander ab; hier aber auch einigten und vertheidigten sie sich gegen ihre Feinde mit einer Hartnäckigkeit und Wuth ohne Gleichen. Deshalb lag am Nordende des Tempelplatzes zur Römerzeit die mit Truppen stark besetzte Burg und das Haus des Höchstkommandirenden, um jeden Augenblick auf dem Platze eingreifen zu können. — Heute sind türkische Truppen die Ruhestifter an der Grabes= kirche. —

Der heilige Tempel war immer durch seine großen Schätze berühmt, übte deshalb bei allen Plünderungen schon im alten Testament die Hauptanziehungskraft. Nach jedem Wiederaufbau war er in kürzester Zeit wieder von den Juden durch grabezu unglaubliche Opfer mit Schätzen überhäuft. So zog er auch stets die römischen Machthaber an. Es wäre nicht ausgeschlossen, daß, wie die Tradition erzählt, bei der letzten Zerstörung, noch einige Schätze in tiefe unterirdische Gänge gerettet seien.

Als der Kalif Omar 637 Jerusalem eroberte, fand er auf dem Tempelplatz nur einen großen Trümmerhaufen, auf welchem die damals meist christlichen Bewohner zur Verspottung der Juden seit langen Zeiten Schutt und Schmutz abluden. Omar und seine Nachfolger erbauten über dem heiligen Fels den hehren Felsendom und schmückten ihn, besonders Soliman, in glänzendster Weise. Nächst Mekka wurde Jerusalem das größte Heiligthum der Muhamedaner. Muhamed selbst soll von dem heiligen Fels aus gen Himmel gefahren sein. Der Felsendom ist wohl das groß= artigste und in seinen edlen Formen das schönste Denkmal, welches Palästina besitzt. Es ist ein Achteck, jede Seite von 20 m Länge, zu welchem man auf einer das Ganze um= gebenden Marmorfreitreppe emporsteigt, die Mauern außen mit Marmor und herrlichen bläulichen Fayenceplatten belegt, mit flachem Dach, über welches die Kuppel 100 Fuß von dem inneren Fuß= boden emporsteigt. Das Innere hat einen Durchmesser von 53 m. In der Mitte liegt 2 m über den Boden ragend der berühmte, gewaltige Fels in einer Länge von 17 und einer Breite von 13 m, das alte, mit zahllosen Legenden um= wobene Heiligthum der Heiden, Juden und Muhamedaner. Er ist von einer niedrigen, theils aus Marmor, theils aus bemalter Holzschnitzerei bestehenden Balustrade umgeben, um ihn ziehen sich im Kreise mit weiten Abständen zwei Reihen von Pfeilern und schönen Marmorsäulen mit herrlichen Kapitälen. Der Fuß= boden der Moschee ist ganz mit Marmor belegt, die Decken und Wände mit Marmor, buntem Glasmosaik, durchbrochenen Bronze= platten und mit reicher, geschmackvoller Holzschnitzerei in glänzenden Farben geschmückt, Alles gut gehalten. Wie bei allen Moscheen ist der innere Raum leer und macht dadurch in seiner einheit= lichen Herrlichkeit einen imponirenden Eindruck.

Wir stiegen noch in eine tiefe Höhle unter dem Felsen hinab. Der Kaiser sagte dem ehrwürdigen, vornehmen ersten Diener der Moschee, daß es schade sei, hier an den interessantesten Orten der Welt keine Ausgrabungen zu machen. Dies ist bei den Muhamedanern bekanntlich verboten. Der alte Herr antwortete ausweichend, daß es besser sei, Blicke und Gedanken nach Oben als in die Tiefe zu richten.

Fast noch mehr, weil unseren christlichen Anschauungen entsprechender, begeisterte uns der Anblick des Innern der Aksa-Moschee am Südende des Tempelplatzes, der alten von dem Kaiser Justinian auf massigen, gewölbten Unterbauten errichteten Marienkirche. Durch eine Vorhalle betritt man den gewaltigen inneren Raum. Sechs Reihen großer Marmorsäulen führen 80 m lang hindurch und theilen die Kirche in einer Breite von 55 m in sieben gleichlange Schiffe.

Von hier stiegen wir in die Unterbauten des Platzes hinab. Da sich derselbe über verschiedenen ungleich hohen kleinen Felsenhügeln erstreckte, so ebnete man ihn schon in ältester Zeit dadurch ein, daß man die Schluchten zwischen den einzelnen Hügeln mit gewaltigen Gewölben auf mehreren Meter starken Pfeilern überspannte. Sie stammen, wie man an den aufeinandergefügten Quadern erkennt, aus den verschiedensten Zeiten und sind nach jeder Zerstörung immer wieder, wenigstens zu einem bedeutenden Theile, neu hergestellt worden. So wanderten wir hier in den weiten, hohen, unterirdischen Sälen zwischen salomonischem, herodianischem, römischem und arabischem Mauerwerk. Viele verschüttete Gänge liegen noch nach allen Richtungen hin unter dem Platze und in der Tiefe.

Zuletzt wurde das sogenannte goldene Thor besichtigt. Es liegt in der Umfassungsmauer nach dem Kidronthal, wo Salomo einen glänzenden Eingang zu dem Tempelplatz gebaut hatte. Zu dem in seiner jetzigen Gestalt wohl theilweise aus ältestem Material errichteten, aber aus dem 4. oder 5. Jahrhundert stammenden Bau führt eine breite Freitreppe herab. Der Zutritt ist Christen sonst nicht gestattet. Hier erheben sich auf großen Säulen, Monolithen mit reich verzierten Kapitälen, zwei einige Meter von einander liegende Thorbogen, auf welchen oben eine Plattform liegt. Der äußere, in der Stadtmauer liegende Bogen ist von den Arabern fest vermauert, weil die Sage ging, welche sich bis auf den heutigen Tag erhalten hat, daß einst an einem Freitag hier ein christlicher Eroberer einziehen und Jerusalem den Muhamedanern wieder entreißen werde. Von der Plattform hat man einen wunderschönen Blick in das Kidronthal und auf den Oelberg hinüber. Am Fuße der ganzen östlichen Stadtmauer bis in das Thal hinein steht ein zerfallender Leichenstein neben dem andern. Juden und Muhamedaner lassen sich hier mit Vorliebe begraben. Am Südende des Thales, wo in der jenseitigen Felswand viele alte Gräber ausgehauen sind, erhebt sich im Thale ein kurzer runder Thurm mit hoher massiver Spitze, das Grabmal Absalons.

Wir verließen den schönen, interessanten Tempelplatz an der Nordseite, in der Nähe sehr alter Ruinen, wo, wie man schon zu Kaiser Konstantins Zeit annahm, die römische Kaserne und das Dienstgebäude des Pilatus standen, von wo der Heiland nach Golgatha geführt wurde. In diese sich hier auf haushohem Schutt hinziehenden Gassen wird von der katholischen und griechischen Kirche die sogenannte via dolorosa verlegt und verehrt, welche in etwa 10 Minuten zur Grabeskirche führt.

Dicht bei dem hier aus der Stadt führenden Stephansthor liegt die französische Anna-Kirche. Anna, die Mutter der Maria, soll hier gewohnt haben und Maria geboren sein. Ueber dem Ort der Geißelung Christi ist eine Kapelle errichtet. Dicht daneben liegt das schöne Kloster der französischen Zionsschwestern; dort spannt sich über die enge Straße ein Bogen, vielleicht der Rest eines römischen Triumphbogens. Er wird Ecce homo-Bogen genannt, weil hier Pilatus den Heiland dem Volke dargestellt haben soll. Denselben Namen trägt die anstoßende Kirche. Von hier aus bis zur Grabeskirche führen durch drei Gassen vierzehn Stationen, welche durch Marmortafeln an den Mauern und Häusern mit lateinischen Inschriften an die Leiden des Heilands bei seinem letzten Gange erinnern.

Tieftraurig und abschreckend war der Besuch der Klagemauer, und zwar in solchem Maße, daß die Majestäten nicht hingehen konnten. Der Weg führte uns durch die vielen Gassen des Bazars, welcher nichts Besonderes bot, als daß man hier, in dem unruhigen Treiben und Getümmel um die schmutzigen, dumpfigen Kaufbuden, neugierig umdrängt von den ärmeren Einwohnern, einmal einen Blick in das Alltagsleben der Stadt that. Von hier stiegen wir, theilweise auf Stufen, steile, enge Gassen hinab, Wohnungen im Elend verkommener fanatischer Muhamedaner aus Afrika und ärmster Juden, errichtet auf den Schuttmassen des Tyropoeon-Thales. Nur elende, viereckige Steinkäfige, um winzige, von

Schmutz starrende Höfe, die Bewohner abgezehrt, in Lumpen, die Kinder halbnackt, von Schmutz bedeckt, krank aussehend, sich bettelnd an die Fremden herandrängend, Blinde, Verkrüppelte; alte Leute, wie stumpfsinnig im Schmutz hockend. Im Inneren der Räume nur Unrath und Lumpen umherliegend, überall ein schrecklicher Geruch — ein Bild schaudererregender Armuth und Verkommenheit. Wie oft erinnerte man sich in Palästina und besonders hier der Worte des neuen Testaments über den Herrn: „Ihn jammerte des Volks." Von Bettlern umgeben, steht man plötzlich auf einem nur wenige Meter breiten und vielleicht 20 m langen Platz vor den ältesten, gewaltigen, verwitterten Quadern eines Stückes der Westmauer des Tempelplatzes, die sich hier einst in der Glanzzeit über das Tyropoeonthal erhoben. Da stehen und sitzen die Juden, einige in besseren, die meisten barfuß in zerlumpten schmutzigen Gewändern, alte Gebetbücher in der Hand, weinend, die Steine küssend, laut betend, klagend über den Untergang ihrer Größe, ihres Tempels und des Palastes, über die Könige und Priester, die gestrauchelt haben und den Herrn verachteten, flehend, daß der Erlöser kommen und sie erretten möge. Einzelne sieht man andächtig, andere mechanisch beten, wieder andere sich umsehend und versuchend, durch ihr Gebahren Geld von den Fremden zu erhalten. Viele, namentlich halberwachsene Kinder laufen schreiend und bettelnd umher, mit unangenehmster Zudringlichkeit die Fremden belästigend. Welches trostlose Bild furchtbar vernichteter Größe, auf der Gottes Fluch noch zu lasten scheint! Die traurige Frage entringt sich dem Herzen: Wann wird der Heiland sich dieses armen, elenden Volkes erbarmen, wer kann es dem erlösenden Evangelium erschließen? Welche Aufgaben bieten sich hier unserer evangelischen Kirche! Unsere evangelischen und deutsch-katholischen Anstalten, welche durch Werke der Liebe an den Armen und Verlassenen das Evangelium predigen und deren Arbeit wir stärken und vermehren müssen, sind hoffnungsvolle Lichtpunkte in diesem Dunkel. Sie könnten sich zu hellen Feuern entzünden, wenn wir Deutsche, fest und treu zusammenhaltend, die äußeren Unterschiede, welche niemals ganz schwinden werden, versöhnlich überbrückend, in aufrichtiger Weise dem Heilande gemeinsam dienen. Hierfür hat die Reise des Kaisers verheißungsvolle Wege angebahnt.

Noch mit einem Worte des Dankes muß ich der Reiseleitung des Herrn Cook, seiner Vertreter und Gehülfen gedenken, welche mit staunenswerther Umsicht und unermüdlichem Fleiße, namentlich auch unter den schwierigsten Verhältnissen in Jerusalem, uns die Reise in jeder Beziehung angenehm und bequem gestalteten. Ebenso war die meist aus Muhamedanern bestehende niedere Bedienung von einem Eifer, von einer Zuverlässigkeit und Ehrlichkeit, welche volles Lob verdient. Die große Hitze und der häufig schreckliche Staub, derenthalben man uns in der Heimath so sehr beklagte, werden milder beurtheilt werden, wenn man bedenkt, daß grade das trockene, heiße Wetter dazu beitrug, nicht nur alle Reise- und Festtage für uns, das Land und seine Bewohner so herrlich zu gestalten, sondern vor Allem auch dazu, uns gesund zu erhalten. Wäre das zu dieser Zeit gewöhnliche Regenwetter eingetreten, so hätte es Fieber und Krankheiten gebracht. Es ist daher im Allgemeinen anzuempfehlen, die Reise im Frühjahr zu machen, wo Alles auf einige Wochen grünt und blüht und selbst die öden, kahlen und steinigen Berge Judäas von einer grünen, blumenreichen Decke überzogen sind.

Die für so umfangreichen Stoff beschränkte Zeit gestattet nicht, daß ich noch auf den schönen erquickenden Aufenthalt in unseren deutschen Anstalten und unserem freundlichen Johanniter-hospiz im Inneren der Stadt eingehe und auf die Besuche, welche der Kaiser dem lateinischen Bischof und dem griechischen Patriarchen abstattete, von beiden und ihrer Geistlichkeit auf das herzlichste und freudigste empfangen. Dem warmen, aufrichtigen Herzen unseres Kaisers schlugen in diesen hohen, bedeutungsvollen Fest-tagen auch von allen Seiten die Herzen warm und aufrichtig entgegen.

Mit dem Garten von Gethsemane, dem Ort, wo der Heiland aufs tiefste litt, mit Bethanien, wo er Freude und Erholung fand, und mit unserem Abschied von der Ihm erbauten Erlöserkirche will ich in meinem nächsten Vortrag die Betrachtungen über Jerusalem schließen und dann über Beiruth und Damaskus nach Hause eilen

III. Vortrag,

gehalten am 11. Januar 1899.

Von Jerusalem nach Damaskus.

Gethsemane. Bethanien.

Zu unserer Freude war der zu kurze Aufenthalt in Jerusalem um einige Tage verlängert worden. Gethsemane und nochmals der unvergeßliche Oelberg, auch Bethanien konnten mit etwas mehr Ruhe und Zeit genossen werden. Dagegen wurde zu unserem Schmerze der Besuch von Nazareth und des Sees Tiberias aufgegeben. Daß der Ausflug nach Jericho und dem todten Meer wegen der unerträglichen dort herrschenden Hitze unterblieb, betrübte nach den Anstrengungen der letzten Tage Niemanden, zumal die meisten, welche jetzt von dort zurückkamen, wohl namentlich in Folge der Hitze und des Staubes enttäuscht waren und sagten, daß das Schönste dieses öden Landes die Aussicht auf dasselbe von dem Oelberg sei.

Am 1. November früh brachen die Majestäten mit Gefolge aus dem Lager auf. Der Ritt ging nach dem Damaskusthor, von da zwischen der Stadtmauer und dem englischen Golgatha mit der Jeremiasgrotte durch Kirchhöfe den steilen Hang in das Kidronthal hinab an den Fuß des Oelberges. Hier steht die theilweise unterirdische Kapelle, wo schon im 5. Jahrhundert das Grab der Maria — ein großer Steinsarkophag — verehrt wurde. Die spätere Tradition verlegte auch das Grab des

Joseph und der Eltern der Maria hierher. Die jetzige Kapelle wurde von den Kreuzfahrern auf den Ruinen der alten wieder aufgebaut. Um die Kapelle herum und an dem unteren Hange des Oelbergs wachsen noch heute viele alte Oelbäume. Hier weilen wir, in Uebereinstimmung mit den biblischen Angaben, in der Gegend von Gethsemane. Der Name bedeutet „Oelkelter" und beweist, daß hier im Alterthum ein ausgedehnter Olivenbau betrieben wurde. Schon 300 Jahre n. Chr. verehrte man hier die Stätte, wohin sich der Heiland öfters in die Stille aus der Stadt zurückzog, wo er die qualvolle Leidensnacht durchbetete. Zwei kleine Gethsemanegärten, von hohen Mauern umgeben, liegen jetzt dicht nebeneinander, der höhere mit einer neuen, kleinen, sieben Kuppeln tragenden Kirche den Griechen gehörend, der untere, den Franziskanern, ohne Kirche, aber mit den ältesten, übertausendjährigen Oelbäumen bestanden; gewaltige, grünende, vom Alter auseinandergeborstene, hohle Stämme, durch Mauern, Stützen und eiserne Ringe zusammengehalten, von wohl= gepflegten, immerblühenden Blumenbeeten eingefaßt. Ein Fran= ziskaner=Mönch führte die Majestäten herum und pflückte ihnen Blumen und Oelzweige, freudig und tief bewegt, seinem Kriegs= herrn in's Antlitz zu schauen; denn er war alter Paderborner Husar, hatte den Feldzug 1870 mitgemacht und trug mit Stolz die Kriegsdenkmünze. Unter seiner Mönchskutte schlug ein braves preußisches Soldatenherz.

Auf steilem Felswege trugen uns die arabischen Hengste zum Gipfel des Oelberges hinauf, wo wir uns von dem hohen russischen Thurm an der herrlichen Aussicht erquickten. Von hier wurde der alte Pilgerweg hinab nach Bethanien eingeschlagen. Mühsam aber sicher kletterten die kleinen Pferde herunter, aber immer steiler und glatter wurde das Felsgeröll. An einer kleinen Kapelle wurde Halt gemacht; es war die Stelle, wo man nach aufgefundenen Ruinen, Inschriften und Mosaiken des frühen Mittelalters mit einiger Sicherheit den Flecken Bethphage vermuthete, von wo der Heiland, von dem tiefer liegenden, etwa noch ¼ Stunde entfernten Bethanien kommend, auf dem Füllen der Eselin reitend, an den Hängen des Oelberges entlang am Palmsonntag den kürzesten Weg nach Jerusalem zog. Den steilen Abstieg nach Bethanien aufgebend, schlugen wir viel=

leicht diesen selben Weg ein, auf die äußerste, dem Tempel=
platz gegenüberliegende Westspitze des Oelberges in ein ärmliches
arabisches Dörfchen, wo Moschee, christliche Kirchen, Derwisch=
Kloster und christliche Klöster friedlich aneinandergrenzen. Hier
liegt auch die den Muhamedanern gehörige, von ihnen heilig
gehaltene Himmelfahrtkapelle. Sie wurde in dem frühsten
Mittelalter von Christen gebaut, oft zerstört, zuletzt von den
Türken 1834/35 nach den alten Grundrissen wieder aufgebaut.
Der biblischen Erzählung gemäß verlegen wir die Stelle der
Himmelfahrt Christi näher an Bethanien.

Nach diesem Orte, dessen Namen noch heute Jung und Alt
mit tiefer Wehmuth erfüllt, zogen am Nachmittage drei stille
Reiter, begleitet von einem arabischen Dragoman, einem braven
alten Schüler aus unserem syrischen Waisenhause. Herrlicher
Sonnenschein strahlte hernieder. Die Landstraße nach Jericho
und dem todten Meere führt bergauf in langen, großen Win=
dungen um die einzelnen steil abfallenden, kahlen, breiten Aus=
läufer des Oelberges herum. Zur Rechten hat man den Blick
in die tiefen, hin und her ziehenden steinigen Thäler und über
dieselben hinaus auf das einsame, öde, schön geformte Bergland.
Kleine arabische Karawanen mit Kameelen, Maulthieren und Eseln
belebten die Straße; wie gute Bekannte wurden wir als Deutsche
von den Arabern freundlich gegrüßt. Viele Gräber, umgestürzte, zer=
brochene Leichensteine, einzelne zerfallene Häuser fassen im An=
fange die Straße ein; dort abseits ein frischer Grabhügel, wo
entfernt von Jerusalem eine zum Christenthum übergetretene Jüdin
in der Stille verscharrt worden war, weil die Juden sie wegen
des Uebertritts bis nach dem Tode verfolgt und ihre Beerdigung
in der Nähe der heiligen Stadt mit Gewalt verhindert hatten.
Nach einer guten halben Stunde, abermals um einen weit=
vorspringenden Berghang herumbiegend, liegt in dieser Einöde
Bethanien vor uns; wenige kleine, ärmliche, einzeln am Berg=
hange angelehnte Araberhäuser, umgeben von Oliven=, Feigen=,
Mandel= und anderen Obstbäumen; an den Hängen einige Wein=
stöcke, darüber am Berge Trümmer des alten Dorfes. Die zahl=
reichen Legenden über die Häuser, welche hier der Heiland be=
suchte, über das Lazarusgrab, die dort errichtete Kapelle, können
höchstens den tiefen Gesammteindruck abschwächen. Am ersten

Haufe boten uns als freundlichen Willkomm ein alter Araber und eine schöne Frau einen Trunk des berühmten, guten bethanischen Wassers in altem geschmackvollen Kruge. Diese als Zeichen der Gastfreundschaft werthvolle Gabe darf man nicht ausschlagen, um die Leute nicht zu betrüben. Lange hielten wir in dem Orte, welcher trotz seiner Armuth durch das ihn umgebende Grün in dieser Oede noch einen letzten Hauch von Freundlichkeit bewahrt hatte.

Aber doch welches Elend, welche Verlassenheit, welch trauriger Blick weithin in die kahlen, versengten Berge und Thäler nach dem todten Meere, von wo uns die im Abendroth glühenden Sandberge der Wüste anstarrten. Die armen Einwohner betrachteten uns mit ihren melancholischen Gesichtern, zahlreiche Kinder, große und kleine, abgemagert, in ärmlichster Kleidung, fröhlich bittend und bettelnd sammelten sich um uns, und als wir ihnen etwas gaben, waren wir in wenigen Augenblicken von der ganzen Dorfjugend umringt; die Alten hielten sie von zu großer Zudringlichkeit zurück.

Welch ernster, wehmüthiger Gedanke, sich hier auf dem Lieblingswege des Heilandes zu befinden, in dem Orte, welcher ihn einst durch seine blühende, liebliche Umgegend anzog, wo er so oft und so gern in stiller ländlicher Ruhe, in freundlichen Gärten und Wohnungen bei theuren Freunden sich von der Unruhe und Arbeit, Trauer und Sorge der großen Stadt erholte, wo ihn alle Einwohner kannten, liebten und verehrten. Mit verdoppeltem Interesse verfolgt man hier die Wege des Herrn besonders aus seiner letzten Zeit. Wie zog er unermüdlich umher, sich keine Ruhe gönnend, zu Fuß weiteste Wegestrecken bei Tage in heißer Sonnengluth zurücklegend, als Armer, in den langen dunklen Gewändern, wie sie die einfachen Leute noch heute tragen; oft hungerte ihn; — wie mäßig war seine Nahrung, wie die der heutigen armen Bewohner, Früchte des Feldes, etwas Brot und Wasser, wohl selten Fleisch; die Nacht im Freien, in Grotten oder meist ärmlichen Hütten zubringend, hatte er doch nicht, wie er selbst sagte, wo er sein Haupt niederlegen konnte. So wanderte er besonders in seiner letzten Zeit, wirkend so lange es noch Tag war, hin und her, von Jerusalem den weiten Weg nach Galiläa, von da in dem schönen letzten Frühjahre in die damals reichen üppigen Fluren, Dörfer und Städte jenseits des Jordans, Kranke heilend, Elenden helfend; predigend über die Ehescheidung, die Gebote, den Reichthum, von den Arbeiten im Weinberge des Herrn, den Ehrgeiz seiner Jünger strafend, „Lasset die Kindlein zu Mir kommen, denn ihrer ist das Himmelreich"; er weissagte die ihm binnen Kurzem bevorstehenden Leiden, seinen Tod und Auferstehung. Er zieht über den Jordan nach Jericho. Da senden seine Freunde zu ihm den weiten Weg aus Bethanien und suchen ihn, damit er komme und seinem schwer kranken Lazarus helfe. Jesus weiß, daß derselbe inzwischen gestorben ist, zwei Tage bleibt er noch in Jericho; und als er durch die Berge nach Bethanien hinaufgeht, unterwegs Kranke heilend und von dankbaren Menschen begleitet, eilt ihm Martha entgegen mit dem Rufe: „Herr, wärest Du hier gewesen, mein Bruder wäre nicht gestorben, aber ich weiß auch noch, daß, was Du bittest von Gott, das wird Dir Gott geben." Welche Tiefe des Glaubens! Seit vier Tagen war Lazarus todt und begraben, und der Herr weckte ihn auf!

Wie muß das ihm nachfolgende Volk, welches in Schaaren zu dem Passahfest nach Jerusalem strömte, ihn bewundert und ihm angehangen haben! Wie hofften sie auf das Kommen dieses großen Mannes zum Feste nach Jerusalem! Aber die jüdischen Machthaber, die hohen Priester und Pharisäer fürchteten seinen Einfluß schon lange und versuchten wiederholt ihn still aus dem Wege zu räumen. Auch jetzt stellten sie ihm, wie Johannes erzählt, wieder nach. Aber er entwich in die unbekannte Stadt Ephrem nahe bei der Wüste; dort in der Stille mit seinen Jüngern wohl schöne Stunden verbringend und sie auf die nächste Zukunft vorbereitend. — Von hier kam er sechs Tage vor Ostern nach seinem geliebten Bethanien zurück zu Maria, Martha und Lazarus; Maria salbt ihn; die Hohenpriester suchen ihn und Lazarus zu beseitigen, aber sie wagen sich nicht an ihn, denn viel Volks hing ihm an; es strömte ihm aus Jerusalem entgegen und begleitet ihn dorthin am Palmsonntage über Bethphage und den Oelberg.

Da standen die jetzt öden steinigen Hänge im herrlichen Frühlingsschmuck, viele Bäume und stolze Palmen gaben Schatten, das jubelnde Volk hieb die Zweige ab und streute sie auf den

Weg, und unter Jubelgesängen. mit Palmen in der Hand
geleitete es den Mann, welcher so viele Wunder gethan hatte,
nach der heiligen Stadt. Vom Oelberg herabkommend, wie
Lukas erzählt. die herrliche Aussicht auf die Stadt, Gethsemane
zu seinen Füßen, hielt der Herr, umjubelt von dem Volke, seinen
Einzug auf dem Eselein.

Wo aber fand dieser Einzug statt? Aus Matthäus, Lukas
und Johannes wissen wir, daß der Heiland durch die Stadt
und dann nach den Vorhöfen des Tempels ging. Der nächste
Weg in die Stadt führte direkt in wenigen Minuten, wie jetzt,
durch das Kidronthal nach dem heutigen Stephansthor in die
Stadt hinein. Hier kam man aber an das Nordende des Tempelplatzes, welcher dort durch die römische Kaserne und Wohnung
des Pilatus abgeschlossen war. Falls das goldene Thor an der
Ostseite des Tempelplatzes damals noch geöffnet war, was kaum
anzunehmen ist, so wäre trotzdem die Vermuthung. daß der Einzug
hier stattgefunden habe, deshalb anfechtbar, weil der Herr hier
direkt auf den Tempelplatz, und nicht wie es die Evangelisten aus=
drücklich erzählen, erst in die Stadt gekommen wäre. Zudem lagen
sehr wahrscheinlich die Vorhöfe des Tempels, welche der Herr zuerst
betrat und dort die Wechsler und Verkäufer vertrieb, am Südende
des Platzes, und von dort und aus dem Stadttheil im Tyro=
poeonthal führten die Hauptzugänge. Deshalb nimmt man an,
daß der Herr und die ihm folgende Volksmenge das Kidronthal
entlang nach Süden und durch ein Südthor der Stadt im
Tyropoeonthal zum Tempel hinaufzog. Dort hielt der Herr in
jenen Tagen die gewaltigen Bußpredigten. Matthäus und Markus
erzählen, daß er damals zwischen dem Palmsonntage und dem
Abende der Einsetzung des heiligen Abendmahles, seiner Gefangen=
nehmung in Gethsemane noch einige Male zur Nacht nach
Bethanien hinausging, wohl um dort in sicherer Obhut vor
Nachstellungen bei Freunden zu übernachten. Mit welcher Liebe
hing er bis zuletzt an diesem Orte! Deshalb schließt man unwill=
kürlich die heute so elende Stätte besonders ins Herz.

Wenn man so an Ort und Stelle das Leben des Heilandes
in seiner Armuth und Niedrigkeit, in seinen Anstrengungen, den
bitteren Enttäuschungen und gehässigen Verfolgungen, und den
geringen kleinen Freuden sich vergegenwärtigt, so scheint es, als ob

er uns als Mensch näher träte, als ob wir ihn besser verständen. Aber auch gerade dadurch, daß wir ihn hier mehr als den einfachen, schlichten Menschensohn erfassen, tritt uns seine gewaltige, unfaßbare Größe als Gottessohn doppelt vor Augen, nicht als epochemachender Staatsmann, nicht als großer Gesetzgeber oder gewaltiger Prophet eines einzelnen Landes, oder eines mächtigen Volkes, sondern Alles umfassend, als Erlöser, Retter, Heiland aller Völker und Nationen der Welt, und auch jedes einzelnen Menschenherzens, nicht für eine bestimmte Zeit, sondern für alle Zeiten passend, für alle Menschen, ohne Unterschied verständlich und doch die höchste Fülle der Weisheit, Er, der niedrigste Mensch und doch der König aller Könige.

Im goldenen Abendschimmer zogen wir gehobenen, dank= baren Herzens die Straße nach Jerusalem zurück. Als wir die letzte Biegung um den Oelberg machten, da, wo der Heiland einst vom Berge herabkam, stand vor uns in heiliger Stille die hochgebaute Stadt, wie ein Traumbild in nebelhaftem, silber= grauem Schimmer, mit einzelnen flackernden Lichtern, sich stolz erhebend aus dem in nächtlichem Dunkel zu unseren Füßen liegenden Kidronthal, von der Gluth des Abendhimmels wie von einem gewaltigen Heiligenschein umstrahlt; eine Zaubererscheinung überirdischer Größe. Einsam und still war Alles ringsum; die im Felsgeröll zur Seite des Weges durcheinander stehenden und liegenden, gebrochenen und verlassenen weißen Leichensteine, ein Bild der Wirklichkeit. Durch sie hindurch geht es hinab zu den dunklen, schweigsamen Oliven von Gethsemane und in das Kidronthal. — Da erglänzt plötzlich das heilige Zion im himm= lischen Silberlichte — der Mond ging hinter dem Oelberg auf.

Am Spätnachmittage des 3. November versammelte ein von dem Oberhofprediger abgehaltener Abschiedsgottesdienst die Ma= jestäten, die Gefolge, die evangelische Gemeinde und noch manchen andern ernsten Christen und Muhamedaner in der Erlöserkirche. Kein Lied konnte freudiger aus dem Herzen kommen und zu Herzen gehen als „Jerusalem, du hochgebaute Stadt". Der erste und einzige etwa zwanzig Minuten anhaltende Regen mit Donner und Blitz kühlte die Luft ab; dann leuchtete der klare Himmel um so schöner. Die feierlich gehobene Stimmung des Gottesdienstes schien sich, als wir die Kirche verließen, in dem Abendhimmel wiederzuspiegeln, welcher sich nach dem Gewitterregen mit seltener Pracht über Jerusalem wölbte. Von der Aussicht auf dem Thurme der Kirche konnte man sich kaum losreißen. Es war, als ob mit dem Himmel die ganze Luft glühte und leuchtete; zerrissene schwarze, silberne und goldene Wolken zogen über uns her, ein rosigvioletter Schimmer lag über den weißgrauen Mauern der Stadt; die Kuppen des Oelberges mit den weiß leuchtenden Klöstern und Kirchen, die fernen Höhen bis zu den Moabiter Bergen rötheten sich wie im Alpenglühen. Es war ihr letzter Abschiedsgruß! Schnell brach das Dunkel herein.

Einen traurigen Besuch hatte ich noch im Auftrage der Kaiserin bei dem weit vor dem Damaskusthore in einer schönen Villa wohnenden obersten türkischen Schulbeamten zu machen. Sein niedliches, siebenjähriges Töchterchen, welches vor einigen Tagen bei einer Deputation der Kaiserin ein Bouquet überreicht und dafür als Andenken eine Broche erhalten hatte, war durch Anbrennen ihres Kleidchens bei der Illumination schwer verletzt, in einigen Stunden gestorben und gestern begraben. Rührend war die Dankbarkeit des Vaters — die Mutter als Türkin zeigte sich natürlich nicht — über die Freundlichkeit der Kaiserin. Aber für unser Gefühl war es doch wunderbar, wie schnell sich der Muhamedaner in das unvermeidliche, unerbittliche Schicksal findet: „Gott hat es so gewollt, da ist nichts zu ändern; es ist so das Beste! Ein großes Glück ist es, daß es kein Sohn war." Gleich nach dem Tode eines Angehörigen darf der Muhamedaner seinem Schmerz vollen Lauf lassen. Es werden dann in das Trauer= haus — noch wie es die Bibel beschreibt — die Klageweiber bestellt, welche mit der Frau stundenlang laut klagen und weinen. Nach dem Begräbniß kommen Männer, bei wohlhabenden Fa= milien in der Regel alte, würdige Scheichs, welche das Klagen im Hause noch acht Tage fortsetzen und dafür beköstigt und be= zahlt werden. Dann aber muß mit allem Klagen abgeschlossen und äußerlich wenigstens Alles vergessen sein. In diesem Sinne kennen die Muhamedaner auch keine Grabpflege und lassen — außer bei ihren zahlreichen Heiligen — die Gräber, welche meist mit großen Denksteinen geschmückt werden, sofort verfallen.

Der Abend war nach dem Gewitter kühl geworden, der erste, an welchem nicht in dem offenen, großen türkischen Galazelt gespeist wurde. Heftige Windstöße umheulten das Lager, schwarze Wolken jagten über den Himmel. Im Lager war rege Arbeit. Die Pflöcke der im Winde schwankenden Zelte wurden festgeschlagen, um die Zelte kleine Erdwälle und Gräben aufgeworfen, Alles für Sturm und Regengüsse vorbereitet; denn diese waren von den einheimischen Wetterverständigen angezeigt. Gleichzeitig sagte man uns, daß, wenn der um diese Jahreszeit längst erwartete Sturm ordentlich losbräche, wir trotz aller Vorsichtsmaßregeln mit unserem Lager am Berghang weggeweht und weggespült würden. Die Koffer wurden gepackt und Alles zur Flucht in die Arche Noah, die große Speisebaracke u. s. w., bereit gehalten. Sobald der Sturm in dieser Zeit einsetzt, dauert er mit tropischen Regengüssen mehrere Tage. Deshalb wurde in Jaffa das Hôtel du Parc zu unserer Aufnahme am morgenden Tage hergerichtet. Ob und wann es möglich sei, uns dort in dem berüchtigten, stürmischen und durch seine Klippen gefährlichen Hafen einzuschiffen — daran dachten die Reiseleiter mit Angst und Zittern und klagten, daß wir nicht heute abgereist seien.

Aber es folgte eine erquickende kühle Nacht. Wind und Sturm legten sich, und die Sonne stieg am 4. November wieder herrlich und strahlend an dem blauen Himmel empor. Es waren 15 ⁰ R. im Schatten, so daß wir, gewöhnt an die starke Hitze, froren.

Bald nach 8 Uhr verließen wir das Zeltlager, Kavallerie voran, die Kaiserin im Wagen, der Kaiser und sein Gefolge zu Pferde, dann der lange Wagenzug. Es ging den bekannten Weg zum Jaffathor hinab, dann in das Himmonthal an der Stadtmauer entlang und den steilen Weg hinauf, welcher nach Bethlehem führt, auf das Plateau, wo in der Nähe der freundlichen, hübschen Kolonie der württembergischen Templer der Bahnhof liegt. Vom Lager bis zum Bahnhofe standen ungezählte Menschenmassen, von den ärmsten Juden der Kolonien vor dem Jaffathore an bis zu den goldglänzenden Uniformen der türkischen Offiziere und hohen Beamten am Bahnhofe. Es war ein rührendes, herzliches Abschiednehmen des ganzen Volkes. Alle Kinder, christliche, muhamedanische und jüdische, waren schulenweise aufgestellt und sangen; wenige militärische Posten standen an der Straße. Am Bahnhofe präsentirte eine stärkere Truppenabtheilung, welche in kindlicher Unschuld als Präsentirmarsch das Lied „So leben wir, so leben wir" spielte. Seit Monaten hatten die braven Musici sich die bekannten preußischen Märsche einüben müssen, und sie thaten ihr Möglichstes, um immer an richtiger Stelle auch den richtigen Ton zu treffen. Außer den türkischen Militär= und Zivil=Behörden erschienen auch der alte ehrwürdige armenische Patriarch, der jüngere liebenswürdige griechische Patriarch, die deutsch= katholische Geistlichkeit und die Mönche und Schwestern, ferner die türkischen geistlichen Würdenträger — alle im Ornat — und endlich mit unseren evangelischen Geistlichen zahlreiche Mitglieder der evangelischen Gemeinden und der Templer und unsere Diakonissen. Wie viel äußerlich und innerlich verschiedene Elemente vereinigten sich hier zu gemeinsamem Dank= und gemeinsamem, treugemeintem Abschiedsgruße. Ein gewaltiger harmonischer Akkord: der Kaisergruß der muhamedanischen Truppen, die Gesänge der türkischen Knaben, die Segensgrüße der Bischöfe und Patriarchen, verbunden mit den deutschen Jubelrufen, stiegen zum Himmel empor, als sich der Zug langsam in Bewegung setzte.

Er wand sich hindurch durch die tief eingeschnittenen Thäler der Berge von Judäa, vorbei an viel berühmten Orten des Alterthums und des Mittelalters. In dem Thale ist es nicht mehr öde und steinig, zuerst sieht man häufig Oelbäume, dann auch Feld= und Weinbau. In dem reich angebauten, seinen Namen verdienenden „Rosenthal" liegt das im Alterthum durch seine furchtbaren Kämpfe berühmte Bittir. Hier wachsen die herrlichsten Bäume, Früchte aller Art, sorgfältig gezogen, noch jetzt alles grünend, viele Blumen, Gemüse, die Beete mit reichlicher Wasserberieselung versehen, trotz der langen Dürre. Der Weinbau geht bis hoch auf die Berge hinauf, die natürlichen Terrassen desselben sind überall durch Steine und Mauern künstlich ausgebaut und bepflanzt. So ging es zwischen Fels und reichem Grün über Brücken, vorbei an türkischen Wachen und Posten, in die Ebene herunter. Fröhlich begrüßten uns die Einwohner von Ramleh und von Lydda, wo Petrus die erste Gemeinde gründete und Wunder that, von wo er nach Jaffa gerufen die Tabea auferweckte und nach Cäsarea zum Hauptmann Cornelius zog.

Durch große Oliven= und Orangenpflanzungen, Getreide= und Maisfelder lief der Zug um 1 Uhr auf dem Bahnhofe in Jaffa ein.

In Wagen — der Kaiser und die Kaiserin mit dem türkischen Botschafter voraus —, immer wieder von Kavallerie eskortirt, fuhren wir durch die reich geschmückte, jubelnde Stadt, durch deren bunten lustigen, von Menschenmassen dicht gefüllten Bazar, wo eine holländische Sauberkeit herrschte, nach dem Strande. Bei herrlichstem Wetter und stiller See schifften wir uns auf die „Hohenzollern" ein. Fast vier Stunden vergingen, ehe auf den kleinen Booten alles Gepäck vom Lande herüber= geschafft war. Was hätte hier werden sollen, wenn der gefürchtete Sturm, wie so oft, tagelang die gefährlichen Klippen umtobt hätte! — Welch wohlthuendes Gefühl. Die Ruhe, die Sauberkeit und kein Staub mehr auf dem schönen Schiffe! Die untergehende Sonne beleuchtete, als wir abfuhren, weithin die freundliche Stadt, ihre am Ufer grüßenden bunten Menschen= massen und die fernen Berge. Nur eine Woche war vergangen, seit wir hier angekommen waren, und wie ein langer ereigniß= voller Zeitraum lag sie hinter uns.

Die Nacht war unerträglich heiß. Aus Caesarea und Haifa grüßten die Leuchtfeuer auf das stille Meer, im Morgen= grauen kamen wir vor Beiruth an.

5. und 6. November.

Beiruth.

Ueber der wunderschön gelegenen, einen langgestreckten Berg bedeckenden großen Stadt, welche auf Felsen direkt aus dem Meere emporsteigt, strahlte die Morgensonne und beleuchtete die modernen, meist einzeln stehenden, viereckigen, roth, blau und rosa gestrichenen Häuser mit rothen Ziegeldächern, von denen türkische und deutsche Fahnen wehten. Zwischen grünenden Bäumen dehnen sich Vorstädte aus. Die Stadt liegt auf einer breiten, nach Westen auf Felsen und Klippen in das Meer vorspringenden Landspitze. An die hierdurch gebildete, weite Meeresbucht treten im Norden und Osten die gewaltigen Höhen des Libanon in malerischen Gruppen und Linien heran, die Abhänge bis hoch hinauf mit zahlreichen Dörfern und Villen bedeckt. Große und kleine Fahrzeuge lagen in der Bucht, ein türkisches beflaggtes Kriegs= schiff feuerte Salut, welchen unsere „Hertha" erwiderte. Die „Hohenzollern" lief in den kleinen, von zwei langen Molen um= gebenen Hafen ein, welcher — etwa halb so groß wie unser Heiliger See — außerdem noch unsere drei Kriegsschiffe, die „Hertha", „Hela" und „Loreley", aufnahm, sowie zwei englische und einen amerikanischen Dampfer und die „Mitternachtssonne", welche ihre Gäste von Damaskus zurückerwartete. Viele Segelboote lagen längs der Molen. Der überfüllte Hafen, die auf den langen Molen mit klingendem Spiel aufgestellten Truppen, die auf dem Platz zwischen Stadt und Meer stehenden und jubelnden Schaaren der Einwohner, die Schulen, der mit Fahnenmasten und Guirlanden geschmückte Strand, in der Mitte ein prachtvolles Zelt an der für die Majestäten glänzend hergerichteten Landungsstelle, wo in Gala die höchsten Behörden sich versammelt hatten, boten ein buntes, entzückendes Bild. Die Hitze in dem engen, windstillen Hafen war unbeschreiblich. Die Majestäten blieben den Tag über auf dem Schiff und empfingen dort die Deputationen der Stadt und der Behörden, wobei nach Landessitte Geschenke, aus Produkten der Stadt bestehend, überreicht wurden. Die Truppen waren von den Molen abmarschirt, aber um so zahlreicher strömten die Einwohner dahin und trotz des unglaublichen Staubes wirbelten sie bis in die Nacht am Strande hin und her. Am Abend erstrahlte nicht nur der Hafen und die darüber aufsteigende Stadt wie ein Lichtermeer, sondern auch alle Dörfer und Villen an den Hängen des Libanon, besonders ein großer, hochgelegener Luftkurort waren in feenhafter Weise erleuchtet.

Man erkennt in Beiruth die große, wohlhabende Handels= stadt mit europäischem Anstrich. Aus der Römerzeit, wo sie schon reich und angesehen und mit großartigen Bauten der Kaiser ge= schmückt war, ist fast nichts erhalten. Titus ließ dort zur Feier der Einnahme und Zerstörung Jerusalems glänzende Spiele ab= halten. Von den 120 000 Einwohnern sind die meisten Christen aller möglichen Konfessionen und Sekten und nur 36 000 Mu= hamedaner. Unter den Christen sind sehr viel Maroniten; sie bilden die altchristliche syrische Kirche, mit einem eigenartigen alten Gottesdienst, bei welchem die Liturgie in syrischer Sprache beibehalten ist. Sie erkennen den Papst als Oberhaupt der Kirche an. Die eingeborenen Griechen haben das maßgebende Uebergewicht; sie sind geschickte und schlaue Kaufleute und in Folge dessen sehr wohlhabend. Sie sorgen für eine sorgfältige, praktische Erziehung ihrer Kinder, welche meist in den Händen der mit guten Kräften besetzten französischen Klöster und Institute liegt. Daher wird bei den Wohlhabenderen überall gut französisch gesprochen, und es bestehen viele Beziehungen mit Frankreich und dadurch französischer Einfluß. Die Meinung indeß, daß dadurch in der Stadt eine gewisse Zurückhaltung gegen das deutsche Kaiser= paar sich bemerkbar machen könnte, war gänzlich unbegründet.

Der nächste Tag, der 6. November, war ein Sonntag. Vom frühen Morgen an, im heißen Sonnenschein, umstanden die Ein= wohner mit Frau und Kindern in bunten, dichtgedrängten Massen an den Fenstern und auf den Dächern der Häuser, am Strande, auf den Molen die nur wenige hundert Schritt von ihnen ent= fernte „Hohenzollern". Still und staunend hörten sie von dort die schönen deutschen Choräle herüberklingen; später rückten die türkischen Truppen zu Fuß und zu Pferd heran und stellten sich an der Landungsstelle in Parade auf, um sie gruppirten sich Schulen und Deputationen. Um 3 Uhr fuhren die Majestäten im Ruderboot an Land — ein unendlicher Jubel und Händeklatschen erscholl vom Ufer, die Militärmusiken spielten, die Truppen prä= sentirten, und feierlich empfingen die höchsten Beamten das Kaiser= paar unter dem glänzenden Zelte. Der furchtbare Staub war durch große Wassermassen — Beiruth hat Wasser= und Gasleitung — siegreich bekämpft worden. Der stürmische Jubel des Volkes kam durch die Wohlhabenheit der Einwohner, durch ihre schönen Sonntagstrachten, durch die, im Gegensatze zu den muhamedanischen, lebhafteren und lärmenderen europäischen Manieren und durch die zahlreichen Christen im vollsten Maße zum Ausdruck. Die ganze Stadt war wie eine gute Stube für hohen Besuch gründlich gesäubert und geschmückt, namentlich auch das Türkenviertel. Von starker Kavallerie=Eskorte begleitet, fuhren die Majestäten durch die fröh= lichen, jubelnden Menschenmassen nach dem großen, auf halber Höhe gelegenen, von schattigem Park umgebenen Johanniterhospital. Die Kaiserswerther Schwestern geleiteten die Majestäten in die hohen, prächtigen Säle mit der wundervollen Aussicht auf das Meer.

Der Kaiser begab sich von hier zur Besichtigung einer großen Kavallerie-Kaserne — ein Ereigniß und eine Auszeichnung, welches in ähnlicher Weise wohl noch niemals einem türkischen Regiment zu Theil geworden ist und bei den Soldaten tiefste Freude und Dank erregte. Die Kaiserin besuchte das Kaisers= werther Waisen= und Erziehungshaus, eine Musteranstalt in großartigem Style, mit herrlichen hohen Sälen und großem Garten. Das Waisenhaus enthält meist syrische und armenische Kinder, unter ihnen etwa fünfzig, deren Eltern bei den letzten Unruhen getödtet worden sind. Die Schule ist in hohem Maße beliebt und von einigen hundert Kindern, Mädchen bis zu sechzehn, Knaben bis zu neun, höchstens zehn Jahren besucht. Jede Religion, jede Konfession, jede Sekte, im Ganzen über zehn verschiedene Bekenntnisse und fast ebensoviele Nationalitäten sind vertreten und in Eintracht vereinigt. Jedes Lehrfach wird auf arabisch, türkisch, französisch, deutsch und englisch unterrichtet. Die Sprache zum allgemeinen Verständniß ist das Französische und das Deutsche. Es sind je nach Bedürfniß acht bis zehn verschiedene Klassen, in den höheren nur Mädchen, in den niederen mit den Mädchen nur einige wenige Knaben. Lehrerinnen, Lehrer und Kinder begrüßten die Kaiserin mit Gesängen und Gedichten im Garten und überreichten meist selbstgefertigte, kleine Geschenke. Dann gingen die Kinder in ihre Klassen, von denen die Kaiserin jede einzelne besuchte. An Kleidung, Bildung und Manieren gab sich auch hier die Wohlhabenheit und der europäische Ein= fluß zu erkennen. In den unteren Klassen sind mehrere Muha= medanerinnen; sobald sie aber älter werden, dürfen sie die christ= liche Schule nicht mehr besuchen. Nur die schöne fünfzehnjährige Tochter des höchsten Militär=Kommandanten fanden wir noch dort. Seit ihrer Kindheit hing sie an der ihr liebgewordenen Schule. Als man sie herausnahm, mußte sie immer noch zeit= weise sich tiefverschleiert dorthin zu schleichen, bis sie endlich durch ihre Standhaftigkeit die Erlaubniß der Eltern zum Schulbesuch wieder erhielt. Außerhalb ist sie die verschleierte, zurückgehaltene und zurückhaltende stille Muhamedanerin, in der Schule ist sie ein glückliches, fröhliches, natürliches Kind.

Besonders interessant, schön und bedeutungsvoll in seiner Art ist der gemeinsame Religionsunterricht, an welchem sich die

Kinder sämmtlicher christlichen Konfessionen und selbst die Muha=
medanerinnen und Jüdinnen mit Freude betheiligen. Von dem
evangelischen Geistlichen wird die biblische Geschichte und Alles,
was die christlichen Religionen Gemeinsames haben, gelehrt, nur
zum Konfirmanden=Unterricht gehen die Kinder zu den eigenen
Geistlichen. Ein Gleiches geschieht in den katholischen Schulen.
Hier zwingen die Verhältnisse und lehrt die Noth alle Christen
ohne Unterschied gemeinsam beten. Sollte dies nicht mahnen
und könnten wir daraus nicht lernen, Gleiches zu thun und an=
zustreben, auch wo keine Noth uns drängt?

Die Majestäten trafen sich wieder weit vor der Stadt in
einem großen Pinienwalde, in welchem die Offiziere der Garnison
einen kleinen Erholungsgarten mit Pavillon, Blumenbeeten und
Springbrunnen besitzen und sich zur Begrüßung der Majestäten
versammelt hatten. Der tiefe Eindruck, welchen eine ihnen so
vollständig unbekannte Berührung mit einem mächtigen Herrscher,
welcher selbst durch und durch Soldat ist, und mit einer sie liebens=
würdig anredenden Kaiserin machte, war unverkennbar.

Die Rückfahrt glich einem Triumphzuge. Vor der Stadt
standen zu beiden Seiten des Weges nicht nur unzählige herbei=
geströmte Bewohner der umliegenden Orte, sondern dort hielten
auch in großer Zahl elegante kleine Equipagen der reichen
Griechen sowie Herren und Damen zu Pferde, Alles in größtem
Jubel. Durch die ganze Stadt hindurch, welche glänzend illu=
minirt war, Einwohner auf den Straßen und an den Fenstern,
sich in ihrem Enthusiasmus gegenseitig überbietend, über den schönen,
von grünenden Gärten geschmückten Kanonenplatz, wo Licht an
Licht an den Fenstern und auf den Dächern brannte, Musikchöre
auf [den Balkons spielten und sangen, fuhren wir nach dem
Hafen zurück. Hier prangten vor uns die Schiffe, und um uns
wieder die Berge in einem Lichtmeer, die Militärmusik spielte be=
kannte preußische Märsche und deutsche Lieder.

7.—9. November.

Damaskus.

Bei herrlichstem Wetter verließen wir am nächsten Morgen
(7. November) um 8 Uhr das Schiff. Am Landungsplatz standen

bereits die Behörden, die Truppen, die türkischen Schulknaben, christliche Schulen, vor Allem die Kinder unserer Kaiserswerther Anstalten mit ihren Lehrern, Lehrerinnen und Schwestern. Vornehme Damen der Stadt überreichten Blumen und kleine Gaben. Unter begeistertem Jubel, welcher sich mit jedem Schritte steigerte, fuhren die Majestäten langsam mit glänzender Reiterseskorte durch die ganze Stadt hindurch zum Bahnhofe und betraten, von den Einwohnern abermals mit einem Enthusiasmus, wie ihn nur der feurige Orient entwickeln kann, begrüßt, das von der französisch-ottomanischen Gesellschaft reich dekorirte Bahnhofsgebäude. Der Zug, geleitet von den mit dem Rothen Adler-Orden und Kronen-Orden geschmückten liebenswürdigen Eisenbahndirektoren, setzte sich zwischen den Truppen und jubelnden Menschenmassen in Bewegung.

Wir fuhren durch die mit Maulbeeren, Oliven, Obst- und Weinpflanzungen, üppigen Feldern reich angebauten Vorberge nach der sich hoch und stolz vorlagernden Kette des Libanon. Wohlhabende Dörfer, schöne Villen zwischen Grün, große Pinien- und Oliven-Anpflanzungen, Maulbeerplantagen zogen sich an den Hängen und in den aufsteigenden Thälern und Schluchten des Gebirges hoch hinauf. Die Berge und Thäler, vulkanische Kalkgebilde, haben dasselbe Charakteristische wie bei Jerusalem, unregelmäßig, malerisch ineinander und durcheinander geschoben, zahlreiche übereinanderliegende Felsenterrassen, nur hier künstlich ausgebaut und reich kultivirt. Je höher die Bahn — oft mit Zahnrad — steigt, desto großartiger wird die Aussicht über die Berge mit ihren felsigen, in allen Farben schillernden Spitzen, in die tiefen sich hin und her windenden Thäler hinein, in die waldreiche gesegnete Ebene, über welcher Beiruth mit seinem, durch unsere weißen Kriegsschiffe und andere Fahrzeuge belebten Hafen thront. Dem Reichthum und dem Fleiße entsprechend ist das Aussehen der zahlreichen Einwohner, kräftig, blühend, sauber und gut gekleidet. Sie sind meist Christen, Maroniten, deshalb ist auch überall die Frauenwelt zahlreich vertreten. Zu Tausenden steht das Volk vor den Dörfern, auf den Felsen, in schönen bunten Trachten, auf den Terrassen übereinander malerisch gruppirt, laut jubelnd, die Frauen jodelnd, mit Palmenzweigen und auf Stäbe gesteckten Blumensträußen winkend.

An der hochgelegenen Station Aleih ist ein längerer Halt.
Auf den Höhen und Felsen standen die Bewohner der umliegenden
Ortschaften, an der Bahnlinie Truppen in den kleidsamen syrischen
Uniformen, die Infanterie in dunkelblauen Röcken mit rothen
Ornamenten, die Kavallerie in rothen Röcken mit schwarzen
Ornamenten. Die Musik spielte preußische Parademärsche, aus=
nahmsweise sehr gut. Der Generalgouverneur mit seiner Gemahlin
und mit glänzender Suite empfing die Majestäten. Er ist Maronit.
Nach den blutigen Kämpfen in den sechziger Jahren gegen die
Christen hatten die Großmächte verlangt, daß hier stets ein christ=
licher Gouverneur ist. Seine Frau hatte als kleines Mädchen
hier, wo damals ihr Vater Gouverneur war, dem Kronprinzen
ein Bouquet überreicht. Der Kronprinz wohnte bei dem Gouverneur
in dessen Sommer=Dienstwohnung, einem schönen, großen mittel=
alterlichen Schlosse, mitten im Libanon. In einem elegant her=
gerichteten Zelt wurden Erfrischungen gereicht. Eine herrliche
Aussicht breitete sich unter uns aus; die Militärkapelle spielte
die altholländischen Lieblingslieder des Kaisers. Einige Ein=
geborene führten zu Fuß Fechterspiele auf, welche von zwei
Alten mit einer Pauke und einer Schalmei begleitet wurden; je
nach der Heftigkeit des Kampfes spielten sie leise und langsam
oder laut und schnell. Wo sind, so fragten wir oft, die alten
berühmten Cedern des Libanon? Hier wurden uns einige Aeste
und große Tannenzapfen derselben als Andenken mitgegeben.
Aber von den alten Cedern sind im ganzen Libanon nur noch
einige sechszig, welche wie werthvolle Reliquien geschützt und
bewacht werden, alle andern sind durch lange Jahrhunderte hin=
durch vernichtet, und erst seit kurzem fängt man an einzelnen
Orten an sie wieder anzuforsten.

Immer höher steigt die Bahn, erquickende frische Bergluft
umweht uns. Der Blick schweift in der durchsichtigen bläulichen
Luft zurück über hunderte von Bergen und Thälern. Die Ebene
ist fast verschwunden, wie eine gewaltige, dunkle, blaue Mauer
steigt das Meer empor. Herrlich erhebt sich zur Linken aus
tiefem Thal der hohe stolze Dschebel Sennin, sein scharfkantiger
und zackiger weißgrauer Rücken setzt sich von dem dunkelblauen
Himmel in klaren Umrissen ab. Die Bäume werden in dieser
Höhe schon seltener, hie und da zieht sich ein Felsenstrom, wie

Ueberreste geschmolzener Gletscher, hinab; viel Geröll liegt umher, aber trotzdem ist die Gegend noch reich angebaut, ausdauernder Fleiß ringt dem Boden Früchte ab, namentlich Wein. Wir sehen wohlhabende Dörfer, eines derselben — Ain Sofar — mit einem riesigen dreistöckigen Hotel, einem Luftkurort mit gutem Sauer=brunnen. Ueberall die Schaaren schön und festlich gekleideter jubelnder Männer, jobelnder Frauen und Kinder; unter ihnen treten die schönen, hochgewachsenen, ernsten Drusen mit pracht=vollen Knaben hervor in vornehmen, dunklen Kostümen mit dunklem Turban. Sie bilden eine strenge, mystische Sekte der Muhamedaner, sind aber diesen feind. Sie haben keine öffent=lichen Gottesdienste, beten viel unter sich allein; ihre Frauen zeigen sie nicht. Mit großen Palmenzweigen und Blumen winken sie und singen eine ernste, eintönige Melodie; es ist der Gruß, welcher sonst nur dem Sultan zugerufen wird und bedeutet: „Gott segne den Kaiser und gebe ihm Siege!" Man sieht, daß man ein kriegerisches Volk vor sich hat. Hier hält auf der Chaussee eine lange Karawane; die Kameele sind niedergekniet, die Leute jubeln und winken, dort wieder zieht eine endlose Karawane mit beladenen Eseln und Maulthieren an uns vorüber. Welcher Unterschied zwischen den blühenden, schönen, sauber ge=kleideten Menschen, welche wir hier sahen, gegen das ärmliche und elende Volk in und um Jerusalem. Welche reiche Kultur, welcher Fleiß hier in den Felsenbergen — welche absolute Ver=wahrlosung und indolente Unthätigkeit dort!

Die Bahn erreicht, zwischen felsigen, nackten Kuppen sich hin=durchwindend, ihre höchste Höhe von ca. 5000 Fuß, sie passirt den dritten Tunnel, von denen jeder seit drei Wochen von militärischen Posten stark besetzt ist. Wir haben die Höhe des Libanon nach fast dreistündiger Fahrt überschritten. Steil senkt sich die Bahn auf seiner anderen Seite hinab. Um uns liegen kahle, felsige, durchfurchte Berge, tief zerrissene Felsschluchten, durch sie schweift der Blick hinab auf eine ein bis zwei Stunden breite, viele Meilen von Norden nach Süden sich hinziehende, mit Feldern und Wiesen bedeckte Hochebene. An ihrem jenseitigen Rande steigt eine schroffe, öde, hohe Bergkette, mit grauem Felsgeröll bedeckt, durch welches sich rothe Streifen hindurchziehen, der Antilibanon empor; an ihrem über fünf Meilen entfernten Süd=

ende erhebt sich über einem schöngeformten Berglande der stolze
Hermon, in seinen majestätischen Formen und Linien an den
Pilatus erinnernd. Felder zwischen dem Felsgeröll, namentlich
Wein=Kultur, beginnen wieder. Die starken Weinstämme wie
Bäume sind mit ihrer breiten Krone zur Erde gebogen. Die
Krone wird von ein bis zwei Fuß hohen Stäben gestützt, unter
den Blättern hängen die Trauben herunter, auf diese Weise
gegen Regen und Sonnenbrand geschützt; die Hitze strahlt
gleichmäßig von dem Laubdach und von der erwärmten Erde
aus, jede Krone ein kleines Treibhaus bildend und herrliche
Früchte reifend. Die Dörfer, von Christen und Arabern
gleichmäßig bewohnt, tragen ein anderes Gepräge; viele einzeln=
stehende, rechteckige, niedrige Häuser aus Steinquadern mit flachen,
weißen, aus Kreideerde gebildeten Dächern. Je mehr wir uns
der von rother, gelber und schwarzer Erde bedeckten, von einem
wasserreichen Fluß durchschnittenen, durch zahlreiche Gräben be=
rieselten, fruchtbaren Hochebene nähern, desto reicher wird die
Kultur, desto blühender und wohlhabender sehen die Leute aus.
In üppigem Grün liegt das Dorf Sedneil. Die arabischen Ein=
wohner sind an der Bahn; auf der einen Seite die Männer und
Knaben, mit Zweigen und Sträußen grüßend, erheben sie ihren
tausendstimmigen, unaufhörlichen Sangesgruß, auf der anderen
Seite die Frauen, Mädchen und kleinen Kinder, ihren durch=
bringenden, hohen Jodelton singend, alle frisch, gesund und fröh=
lich aussehend, in bunten, sauberen Gewändern. Besonders
graziös und sinnreich sind ihre Handbewegungen: sie heben die
Hände gen Himmel oder halten sie, wie segnend, nach vorne, sie
legen die Arme gegen die Brust und recken sie dann grüßend
aus, als ob sie sagen wollten: „Mein Herz schlägt für Dich!"
Immer reicher und üppiger wird die Kultur, Wein, große Maul=
beerplantagen, Zuckerrohr, Nußbäume, die verschiedensten Obst=
sorten und vor Allem zahllose Silberpappeln. Die ohne besondere
Pflege schnell wachsenden, aus den Wurzeln der abgeschlagenen
Bäume immer wieder sich ergänzenden Pappeln liefern bis nach
Damaskus hin das zwar schlechteste aber billigste Holz zu allen
Bauten und Möbeln.

Von vielen schnellen Reitern begleitet, gelangt der Zug um
1 Uhr in dem Städtchen Muallaka in großer Hitze an. Der

Name bedeutet „angehängt". Der freundliche, wohlhabende Ort erhebt sich aus der Ebene, an einem Hügel hängend, mit seinen rechteckigen, übereinander liegenden beflaggten Häusern und bunten Villen. Das anheimelnde Frühstücks=Zeltlager war aufgeschlagen, von Flaggenmasten und Guirlanden umgeben, Infanterie und Kavallerie präsentiren, der preußische Präsentirmarsch ertönt in ohrenzerreißenden Tönen, der uns von Jerusalem bekannte General= gouverneur von Damaskus und der kommandirende General, mit glänzenden Gefolgen, die höchsten Behörden begrüßen die Majestäten, das erregte und begeisterte Volk im großen Kreise rund herum jubelt ohne Aufhören, das fünfjährige Töchterchen des Vornehmsten in Muallaka trägt unter Leitung ihrer fran= zösischen Gouvernante ein deutsches Begrüßungsgedicht vor. Ernst schaut der Antilibanon hinein mit seinen grau und rothbraun gefärbten Spitzen und Hängen, aus der Ferne grüßt der ge= waltige Hermon, hinter uns strahlen die zerklüfteten Berge des Libanon in zauberhaften Farben. Glänzend silbergrau setzen sich die kahlen Bergspitzen gegen den tiefblauen, wolkenlosen Mittags= himmel ab. Die herabziehenden Schluchten schimmern violett, die darunter sich ansetzenden Hänge leuchten im schönsten Bur= gunderroth, an einzelnen Stellen lagern sich wie Gletscher schnee= weiße Kreideberge vor, hie und da von dunklem Geröll durch= zogen. Es waren wunderbare Bilder, voller Leben und Farbe, in dieser wundersamen Landschaft, wie man sie niemals gesehen und niemals wieder sehen wird.

Noch eine Viertelstunde trug uns der Zug durch die reiche Ebene hindurch, dann wandte er sich mühsam in ein wildes, zer= rissenes Felsenthal den Antilibanon hinauf. Plötzlich gelangen wir aus den starren Felsenmassen in eine kleine blühende und grünende Oase, welche von allen Seiten von zerklüfteten, hohen Felsbergen und steilabfallenden, braunsandigen versengten Höhen wie von schützenden Mauern umgeben ist. Es schien, als ob dieses glückliche Ländchen — es hieß Zebedani — auch seine Einwohner be= sonders freundlich und fröhlich stimmte, denn einen solchen Jubel= gesang der Männer, ein solches Jodeln der Frauen hatten wir noch nirgends gehört und waren doch bereits sehr verwöhnt. Es war so überwältigend, daß Alle, auch Kaiser und Kaiserin, den Zug verließen, um von Nahem das eigenthümliche Schauspiel zu betrachten. Als die Leute die freundlich grüßenden Majestäten erkannten, nahm der Jubel in solchem Maße zu, daß die Bahn= beamten durch Winke zum Schweigen aufforderten; und in wenig Augenblicken war dieses liebenswürdige und bescheidene Volk mäuschenstill; aber um so mächtiger erbrauste der Jubel wieder bei der Abfahrt. Dies Wunderländchen, in welches von den um= gebenden baumlosen Bergen die fruchtbare Erde hinabgespült ist, wird von einem auch in der größten Trockenheit wasserreichen Bach, dem Baraba, durchflossen, dessen Wasser durch viele Gräben in die Felder geleitet wird. Der Baraba, sich allmählich ver= größernd, ist der Fluß, welchem hauptsächlich Damaskus seine Fruchtbarkeit verdankt. In seinem Thale senkt sich die Bahn in fortwährenden Windungen, bald hoch über ihm an felsigen Wänden, bald an ihm entlang, ihn selten überschreitend, nach Damaskus hinab. Wie ein grünes Band zieht sich das Thal, selten breiter als 400—500 Schritt, oft kaum 100 Schritt breit, bald durch braune oder gelbe Sandhügel hindurch, dann durch senkrecht aufstrebende hohe röthliche Felsenmassen, in welchen die Römer Steine brachen, oder an weißen Kreidehöhen entlang, vorbei an ärmlichen Araber= dörfern. Pappelbäume, Obst aller Art, besonders Citronen, Apri= kosen und Mandarinen, selten etwas Feld, grünen an den Ufern und abgeleiteten Gräben des Flüßchens. An einer engen Schlucht bildet das durch Jahrtausende vom Regen durchfurchte und aus= gespülte Felsgeschiebe die seltsamsten Formen. Es sieht aus, als ob es in glühenden, sich wild durch= und übereinander stürzenden Lavaströmen aus der Erde hervorgebrochen und dann plötzlich erstarrt sei.

Schnell senkt sich die Bahn, das Thal erweitert sich zwischen Sandbergen und ist mit üppigen, durchrieselten Baumgärten ausgefüllt; noch einmal wird es zwischen Felswände ein= geklemmt, dann treten die Berge zurück. Ueberall sieht man die künstliche Bewässerung; in zahllose Arme und Gräben ist der Baraba getheilt, von denen einzelne bis an die Thalhänge hin= aufgeleitet sind. Viele mit großen Lehmquadern eingefriedigte Obstgärten, Pappeln, Maulbeer= und Olivenbäume, bunte Häuser wechseln mit ärmlichen Hütten und Villen in gepflegten Gärten. Eine ärmlichere Bevölkerung sieht man auf der an der Bahn entlang führenden, fußhoch mit feinem Kalkstaub bedeckten

7*

Chaussee. — Das Aussehen einzelner Wachen und Posten ent=
sprach dem schrecklichen Staube. Hinter uns glüht die Libanon=
Kette in der Abendsonne, vor uns wölbt sich bis in weite Ferne
der Himmel, im Vordergrunde stehen unzählige grünende Bäume,
über welche einige Dächer und Minarets emporragen.
Es ist 5 Uhr Nachmittags. Wir sind vor Damaskus. —
Von Jerusalem bis Damaskus war Saulus, die Christen
verfolgend und mordend, gezogen und hier Christ geworden. —
Auf dem mit Guirlanden und Fahnen geschmückten Bahnhofe
empfingen die Militär= und Civilbehörden und die seit Konstantinopel
zu den Majestäten kommandirten türkischen Generale und Offiziere
in glänzender Gala. Unter dem goldstrahlenden Abendhimmel
begann der Einzug in die Stadt. Wenn wir uns schon bei
der ganzen Reise von Beiruth an über die ungewöhnlichen und
unaufhörlichen Freudenbezeugungen und eigenartigen lauten Jubel=
ausbrüche des Volkes gewundert und ähnliches noch niemals
erlebt hatten, so war das alles nichts gegen das, was uns in
Damaskus erwartete. Von der Stadt sah man im Halbdunkel
nur eine in der Nähe des Bahnhofs liegende große Kaserne und
wenige kleine Häuser. Dem Bahnhofe zunächst standen Infanterie
und Kavallerie, auf dem Platze vor der Kaserne die Artillerie
mit bespannten Geschützen. Der Kaiser stieg zu Pferde mit seinem
ganzen preußischen und türkischen Gefolge. Kavallerie und
berittene Gensdarmerie=Abtheilungen eröffneten den Zug; es folgten
der Wagen des Gouverneurs, die Hofdamen, dann die Kaiserin
mit der Oberhofmeisterin im Galawagen des Sultans, dahinter
der Kaiser mit glänzendem Gefolge und Kavallerie und zum
Schluß die lange Wagenreihe des kaiserlichen Gefolges, zu beiden
Seiten von Reitern begleitet. Zwischen Ehrenpforten, Fahnen=
masten, Guirlanden und unübersehbaren Menschenmassen in nur
orientalischen Trachten zogen wir langsam zur Stadt, eine Zeit
lang an dem von niedrigen Mauern eingedämmten, etwa sechzig
Schritt breiten und jetzt nur zwei bis drei Fuß tiefen Baraba ent=
lang. Auch sein jenseitiges Ufer war mit Schaulustigen überfüllt.
Hunderte von ihnen, als sie den Jubel an dem gegenüberliegenden
Ufer bei dem Vorbeiziehen der Majestäten hörten, sprangen, um
das Kaiserpaar zu sehen, in den Fluß und durchliefen ihn in
ihren langen Gewändern. Die Bewohner der Stadt, welche,

wie der Gouverneur uns sagte, zum heutigen Tage fast eine halbe
Million zählten, waren wie alarmirt. Die niedrigen Fachwerk=
häuser, von unten an bis auf die flachen Dächer derartig von
bunten Menschenmassen besetzt, mit großen und kleinen Fahnen
behangen, daß man von den Häusern selbst kaum etwas sah; in
den kleinen Haus für Haus befindlichen Kaufläden, in den engen
Seitengassen standen Hunderte zusammengepreßt. Hinter uns
glühten die Berge im letzten Abendroth, Dämmerlicht ruhte auf
den Straßen; an den Fenstern, auf den Dächern, auf einem
größeren Platze brannten Lampions und Laternen zu vielen
Tausenden. Die Artillerie begann zu feuern, die Truppen riefen
ihren Gruß; ein ununterbrochenes Jubelgeschrei, Gesang, spielende
Musikkorps, das fortwährende Wiehern der erregten Pferde, das
durchbringende Jodeln der Frauen, die schrillen Trompetensignale
der Infanterie — Alles ohne jede Unterbrechung, das Getöne wie
ein gewaltiger Strom immer stärker und reißender sich hinwälzend,
verursachte einen geradezu sinnbetäubenden Lärm. Wir konnten
erst wieder Athem schöpfen, als wir aus der Hauptstraße, welche
übrigens nicht breiter ist als etwa 12—15 Schritt, durch ein enges,
stark bewachtes Thor in das große Militär=Serail einzogen.
Der geräumige Platz vor demselben, die lange Front des ein=
fachen, für die Majestäten theilweise umgebauten und neu ein=
gerichteten Palais des kommandirenden Generals, mit einer An=
zahl kaiserlicher, bisher noch niemals benutzter Säle, die Um=
fassungsmauern, die zugehörige kleine Moschee und Minaret
waren mit Laternen beleuchtet.

Während des Gala = Diners mit den vornehmsten Türken
war vor dem Palais und in der ganzen Stadt Illumination,
Feuerwerk und Musik. Mit der vom Generalgouverneur geübten
militärischen Zucht, Ordnung und Pünktlichkeit herrschte bald
nach 9 Uhr überall tiefe Ruhe und Stille. Der Abend war
nach dem heißen Tage empfindlich kühl geworden. Es giebt
Jahre, wo hier in den nahen Bergen um diese Zeit tiefer Schnee
liegt. So fand es Prinz Friedrich Karl bei seinem Besuche.
Zwei Tage blieben wir in Damaskus, wieder begünstigt von dem
herrlichsten Wetter. Es entfaltet sich hier das orientalische Leben
im vollsten Maße. Bei dem ungeheuren Verkehr ist es schwer,
die Zahl der Bevölkerung zu schätzen; seit einigen Jahren hat

sie sich bedeutend vergrößert. Der Gouverneur gab sie auf 3—400000 an. Das mag hoch gegriffen sein; aber es ist erstaunlich, welche Massen von Menschen selbst in den kleinsten Häusern zusammenwohnen. Die große Mehrzahl sind Muhamedaner, vielleicht 15000 Christen und 10000 Juden, welch letztere wohl meist aus alter Zeit stammen und nicht ein= gewandert sind. Trotzdem Damaskus schon, als es König David eroberte, eine berühmte Stadt war und in allen Jahrhunderten eine gewisse Rolle gespielt hat, ist aus alter Zeit, außer einigen Theilen und Thoren der an einzelnen Stellen noch stehenden, aber zer= fallenden Stadtmauer nichts mehr erhalten. Die meisten Gebäude sind neu, da selbst die am besten gebauten wegen des in Menge verwendeten schlechten Pappelholzes kaum hundert Jahre überdauern.

Das Leben der Stadt konzentrirt sich in den vielfach über= wölbten Straßen und Gassen der Bazare, welche eine ganz ungewöhnliche Ausdehnung haben. Durch dieselben hindurch begaben sich am ersten Morgen die Majestäten, der Kaiser zu Pferde, die Kaiserin im Wagen, nach der berühmten Moschee der Omaijaden. Die gesammte Bevölkerung bot dasselbe bunte und lärmende Bild wie bei dem Einzuge. Straßen, Häuser und Bazare waren von einer Sauberkeit, daß die Herren, welche vor einigen Wochen hierher vorausgereist waren, sie kaum wieder erkannten. Es fehlten die sonst die Gassen stopfenden Karawanen von Kameelen und Maulthieren, die umherziehenden schreienden Verkäufer, die sich hastig durcheinanderdrängenden Orientalen, vor Allem die große Zahl Armer und Zerlumpter; es fehlten die widerlichen zahllosen Hunde, der Schmutz und die Unordnung und damit allerdings ein großer Thei des echt orientalischen Bildes; Alles stand, wie bei einer Parade, wo wir hinkamen, in besten Anzügen, geordnet, still und abgesperrt; nur der brausende Jubel verursachte ein unbeschreibliches Getöse. In den Bazaren, wo die Läden von bunten Menschen aller Farben und Typen dicht gefüllt waren, ist ein unübersehbarer Reichthum und Ver= schiedenartigkeit der Waaren: ganze Reihen von Kupfer=, Bronze=, Leder=, Antiquitäten=Händlern, dort lauter Tücher, Seidenstoffe, Teppiche, Leinwand, hier plötzlich unsere gewöhnlichen, alten abge= legten oder neueren, billigen deutschen Waaren, von allem möglichen Hausgeräth, Porzellan, Lampen und Glassachen. Hier wieder riecht eine ganze Gasse nach Gewürzen jeder für uns theilweise unbekanntester Art, dort lauter Gemüse und unzählige Fruchtläden, der Hauptkaufort der Araber, dort nur Sattler und Schuster, an anderer Stelle Buch=, Tabak= und Pfeifenläden; dann blicken wir in eine elegante, mit orientalischer Pracht geschmückte Badeanstalt oder in einen Tröbelmarkt mit den unglaublichsten alten Sachen hinein. Die uns seither entgegengetretene vor= nehme, muhamedanische Zurückhaltung und Bescheidenheit finden wir hier in dem Maße nicht und oft genug theilten die begleitenden Polizisten unbarmherzige, aber meist mit Resignation und still aufgenommene Hiebe aus. Der Charakter der Damascener gilt als hochmüthig und fanatisch. Die Ordnung, welche in diesem Menschengewirr aufrecht erhalten wurde, war erstaunlich. Durch ein Thor betreten wir den Platz der Moschee. Sie ist ein großartiger, halbzerstörter, vor einigen Jahren zum Theil abge= brannter Bau, jetzt in der Wiederherstellung begriffen. Sie liegt auf einem mehrere hundert Meter langen und breiten, früher ganz mit Marmorplatten belegten Platz, welcher von doppelt und dreifach übereinander liegenden Säulengängen, hinter denen sich Wohnungen befinden, umgeben ist. Fast eine ganze Seite, von gewiß 200 m nimmt die Moschee ein, eine imposante, fünfschiffige Basilika mit herrlichen Säulen, welche im vierten Jahrhundert von den Kaisern von Byzanz gebaut wurde zu Ehren von Jo= hannes dem Täufer, dessen Haupt hier als heilige Reliquie her= gebracht sein soll. Der Bau wurde später von den Türken in reichster Weise ausgestattet, hat aber schon im Mittelalter wieder= holt sehr gelitten. Die Wiederherstellung wird von eingeborenen Architekten und Arbeitern in geschickter, kunstverständiger Weise geleitet. Zwei hohe Thürme ragen aus den umgebenden Ge= bäuden heraus, der eine von den Türken der Christusthurm genannt, weil nach ihrem Glauben sich Christus bei seiner Wieder= kunft auf diesen Thurm herabläßt. Von hier gingen die Ma= jestäten durch eine enge Gasse zu Fuß nach dem Grabe des be= rühmten Sultans Saladin. Es ist eine kleine viereckige Kapelle mit Kuppel, in welcher zwei reich in Holz geschnitzte und be= malte Sarkophage stehen, der des Sultans und der eines seiner Großveziere. Der eine Sarkophag ist durch einen zweiten, un= schönen, in Marmor gearbeiteten, umschlossen.

Durch enge, meist nur vier bis fünf Schritt breite Gassen, in welchen sich die gegenüberliegenden Balkons fast berühren, zwischen den an den Fenstern und auf den Dächern jubelnden Menschenmassen bewegte sich unser langer Zug. An einer kleinen, niedrigen Thür wurde gehalten, nach der Gasse befanden sich an dem Hause nur einige Gucklöcher. Die Majestäten betraten einen engen Gang, von dicken Mauern umschlossen, welcher wie in einer alten Feste in drei Absätzen weiterführt. Plötzlich glaubt man sich in „Tausend und eine Nacht" versetzt. Geführt von dem jungen, bescheidenen Hausherrn, stehen die Majestäten in einem kleinen marmorgepflasterten Hofe, mit grünenden Orangen und duftenden Blumen, in der Mitte ist ein kleiner, von Marmor umschlossener Teich mit Springbrunnen. Der Hof, an einen poetischen, mittelalterlichen Klosterhof mit Kreuzgang erinnernd, ist von verschieden hohen Gebäuden mit den Wohnräumen, theilweise mit Säulenhallen umgeben. Auf einer Seite betritt man über eine kleine Freitreppe mit Balkon hohe, aber nicht große Säle mit orientalischer Pracht. In geschmackvollem Farbenreichthum wechseln bunter Marmor, vergoldete Flächen, schöne Holzschnitzereien mit Perlmutter und reich bemalte, bunte Holzdecken. Nach dem luftigen Hofe liegen große Thüren und Fenster; unter der Decke dringen durch kleine farbige Butzenscheiben die Sonnenstrahlen in das Innere. Die Möbel sind in Holz geschnitzt und mit Perlmutter ausgelegt. Ein solcher Saal enthält zwei Theile, einen tieferliegenden und einen höherliegenden, zu welchem eine einzige, einen halben Meter hohe Stufe hinaufführt. In dem höheren stehen an den Wänden die mit Seide bezogenen Divans und einige kleine Tische herum. Die übrigen Seiten des Hofes enthalten die Wirthschafträume, darüber in einem niedrigen zweiten Stockwerk mit vergitterten Fenstern befinden sich die Schlafräume und der Harem. Noch zwei solcher entzückenden Höfe enthielt das Haus; den Glanzpunkt bildete der Marmorhof, in welchem sich der Saal mit den Kunstschätzen befindet. Der Stolz des Arabers, wodurch er seinen Reichthum bekundet, besteht in einer schönen Porzellan-Sammlung. Hier standen in dem Saale in kunstvollen Schränken die werthvollsten alt = chinesischen Porzellan = Service, welche früher durch die durchziehenden Karawanen hierher gebracht wurden. Zur orientalischen

Gaftfreundschaft gehört noch heute, wie in alter Zeit, daß man seinen Gaft reich beschenkt entläßt, und so schenkte der Hausherr den Majeftäten einen ganzen Schrank des schönften Porzellans. Es beburfte langer Auseinanderfetzungen, um ihn von biefer über= großen Freundlichkeit wieder abzubringen. Drei schöne Stücke mußten schließlich, um nicht zu betrüben, angenommen werden. Der Hausherr ließ den Majeftäten noch Fechterspiele und Tänze von Arabern vorführen. Erftere waren uns bereits bekannt; bie Tänze, von etwa zwanzig Männern und jungen Frauen auf= geführt, beftehen in ruhigen, vornehmen, graziöfen Gängen und Bewegungen, Pauke und Schalmei geben den Takt an. Die Tanzenden reichen sich oft die Hände, und während sie in lang= samem Takt hin und her treten, bewegen sich vor ihnen feierlich vier junge Frauen in ihren dunklen, schönen Gewändern mit Schwertern in der Hand, mit welchen sie die verschiedenften Be= wegungen mit Ruhe und Würde ausführen.

Es wurde noch ein zweites, ähnlich gebautes Haus besucht, mit geschmackloser, modern=europäischer Einrichtung. Das Inter= effe an diefem Haufe war für den Kaifer, daß hier vor neunund= zwanzig Jahren sein Vater als Kronprinz gewohnt hatte. Die alten Befitzer waren fortgezogen, die jetzigen hatten ihre ganze Verwandtschaft von Nah und Fern eingeladen, ein junger Herr hielt eine lange, schwülftige Lobrede auf französisch. Wir wurden kaum wieder losgelassen und der Kaifer zum Schluß um ein enormes Geldgeschenk gebeten. Man merkte, daß man bei Griechen war. Derartiges wäre bei einem Muhamedaner un= möglich gewesen.

Am Nachmittag hielt die Garnifon eine Parade vor dem Kaifer ab. Den Schluß bildeten eine große Abtheilung Beduinen zu Pferde und auf Kameelen, welche, als sie ihre Reiterkunft= ftücke im Galopp und in der Karrière aufführten, einen Staub aufwirbelten, in welchem der halbe Exerzierplatz verschwand. Dann zogen die Beduinen mit etwa sechzig Kameelen und hundert= undfünfzig Reitern unter ihrem mächtigen, mit Ordensfternen geschmückten Scheich nach dem Militär=Serail, um die Kaiferin zu begrüßen. Sie ritten in ruhigem Schritt eine elegante Polo= naife. Die Kaiferin bedankte sich perfönlich bei dem ehrwürdigen alten Scheich. Vornehm und leicht schwang er sich von seinem

stolzen Schimmel und sagte durch den Dolmetscher der Kaiserin,
daß ihr dies, sein schönstes Pferd, gehöre. Wir suchten dies
rückgängig zu machen. Ohne ein Wort zu sagen, drehte sich der
Alte um, verließ den Hof und ließ das Pferd stehen. Wenig
erbaut über diese Gabe, mußte sich der Oberstallmeister des
Kaisers des Thieres annehmen. Aber ehe er es noch wegführen
ließ, da stellte sich von dem Scheich entsendet ein Bote bei ihm
ein und bringt ihm als Geschenk für den Kaiser zwei vollständig
ausgerüstete Reit=Kameele. Am nächsten Tage empfing Ihre
Majestät den Scheich. Es wurde ihm nach arabischem Brauche,
über welchen wir uns hatten unterrichten lassen, mitgetheilt, daß
Ihre Majestät das Pferd einen Tag besessen, gestreichelt und ge=
liebkost habe und ihm nun wieder zum Geschenk mache. Gleich=
zeitig wurde ihm ein schöner Brillantring gereicht, aber er blieb
traurig, daß die Kaiserin sein Pferd nicht behielt.

Am Abend war großes Galadiner mit allen türkischen
Würdenträgern in dem Municipalitäts=Gebäude. Die ganze
Stadt war illuminirt, auf dem Platze vor dem Gebäude waren
auf Befehl des Sultans große Bogen errichtet mit den erleuchteten
Riesen=Namenszügen der Majestäten. Die Bevölkerung, voller Er=
regung und Begeisterung, Infanterie und Kavallerie bildeten in
den engen Straßen Spalier, Fackelträger standen zu beiden Seiten,
die vieltausendköpfige Menge erhob ihr unabläßiges Zurufen, die vom
Feuer und Lärm unruhigen Pferde schrieen und wieherten, so daß
sie bei vielen Wagen geführt werden mußten; die goldbestickten
Würdenträger, die Generale und Offiziere empfingen die Majestäten.
In langer, schönklingender Sprache und bilderreicher Rede hielt
während der Tafel ein vornehmer junger Araber eine Lob= und
Dankesrede auf die Majestäten und den Sultan. Es ist hier
eine Art Sport der vornehmen, jungen Leute, namentlich der
zahlreichen, welche sich hier für den geistlichen Stand ausbilden,
sich im Reden gründlich zu üben.

Der Kaiser antwortete, ergriffen von den unvergleichlichen
Beweisen der Gastfreundschaft des Sultans, erfreut, den Boden
zu betreten, wo der große Sultan Saladin, ein Heerführer
und Ritter ohne Furcht und Tadel geweilt habe, und begeistert
über ein Land, wo der Sultan eine so große Zahl treuer Unter=

thanen habe. Die Freundschaft des Sultans werde der deutsche Kaiser mit seiner Freundschaft stets erwidern.

Die Türken waren von der herzlichen kaiserlichen Ansprache tief ergriffen. Wohl noch niemals mögen von so hoher Stelle Worte von solcher Bedeutung und Wärme an ihr Ohr gedrungen sein, im Gegentheil, sie sind gewöhnt, von den Großen dieser Welt, namentlich den fremden, viel Hartes zu hören. Manche Thräne perlte aus den dunklen Augen auf die gebräunten Wangen. Als der Kaiser am nächsten Tage am Grabe Saladins Blumen niederlegen ließ, sagten die Muhamedaner, daß ihre Liebe und ihr Dank gegen einen solchen Herrn niemals verlöschen könne.

Der nächste schöne, heiße Tag nach kalter Nacht wurde — außer zu zahlreichen Einkäufen — zu einem Ausfluge am Vor= und Nachmittage nach einem nahegelegenen kahlen Berge benutzt, um bei dem herrlichen Wetter in Ruhe die Schönheit und Eigenthümlichkeit der Lage von Damaskus genießen zu können. Dort war ein großes Zelt aufgeschlagen, in welchem die Majestäten mehrere Stunden in der erfrischenden Abendluft verbrachten. Cirkassier, welche sich auf dem kahlen Hügel vor kurzer Zeit angesiedelt und ein Dorf aus viereckigen Lehmhütten gebaut haben, umstanden in einiger Entfernung still und ehrerbietig das kaiserliche Zelt. Ein kleines zehnjähriges Mädchen, welches durch seine Lieblichkeit auffiel, wurde zu den Majestäten geführt. Mit niedergeschlagenen Augen näherte sich die Kleine in ihrer ärmlichen Kleidung; vor den zum Kaiserzelt hinaufführenden Stufen legte sie ihre Schuhe ab. In demüthiger Bescheidenheit ging sie die Stufen hinauf, aber doch mit einer Würde und Sicherheit wie eine kleine Prinzessin trat sie vor die Majestäten. Die Kaiserin gab ihr Zuckerwerk, der Kaiser zwei neue Fünfmarkstücke mit seinem Bilde. Mit derselben Würde und Bescheidenheit kehrte die Kleine zurück, und es erschallte ein langanhaltender Jubelruf der Frauen.

Zu unseren Füßen lag im Grünen eine Vorstadt; an sie schloß sich wie ein immergrüner Park die weite, große mit Bäumen bedeckte Ebene mehrere Stunden weit nach allen Richtungen sich ausdehnend. Wie Silber leuchtete im Wiederglanz der sinkenden Sonne durch die klare Luft hindurch die Stadt mit ihren weißen Dächern und weißen Häusern, den über zweihundert zierlichen, schlanken Minarets und Thürmen, in der Mitte von den ernsten, massigen, dunklen Mauern der alten Citadelle überragt. In dem üppigen Grün bezeichnen hie und da weiße, aufsteigende Rauch=wölkchen die Stelle, wo kleine Dörfer liegen. Dicht hinter uns ragen mächtige gelbe Felswände; links und rechts sich vorschiebend glühen im Abendroth die fernen Bergzüge. Vor uns jenseits des grünen, großen, dunklen Laubwaldes liegt eine bis in die weiteste Ferne hell schimmernde, goldgelbe Ebene, aus welcher sich hohe, leuchtende Pyramiden erheben. Da ist mit ihren spitzen Sandbergen die große Wüste. Plötzlich zog an einer Ecke der=selben ein Unwetter auf. Feurig schimmerten in der Abendsonne die dunkeln Gewitterwolken, aus denen in goldigen Streifen der Regen herabströmte, goldgelbe Sandwolken wirbelte der Wind hoch in die Lüfte. Kein Wunder, daß die Sage der Araber diese herrliche, einsame Oase, wo ihre Lieblingsfrüchte reifen, umgeben von starren, himmelhohen Felsmauern auf der einen, von der Wüste auf der anderen Seite, für die Stelle des Paradieses hielten. Die Wasser, welche wie der Baraba aus den öden Bergen kommen, theilen sich bei Damaskus künstlich und natürlich in zahllose kleine und große Arme und durchfließen die Fluren mit den Obstwäldern, Fruchtbarkeit und Reichthum spendend, und versiegen am Rande der Wüste, bei Regenzeit dort Seen, in der Trockenheit große Sümpfe bildend. Die Regenzeit bringt viel Feuchtigkeit, welche, verbunden mit der Hitze des Tages und der bei der hohen Lage — 2400 Fuß über dem Meere — oft plötzlichen Kälte des Nachts viel Fieber er=zeugt. Der Hauptreichthum der Landleute von Damaskus be=steht in den ausgezeichneten Früchten, vor Allem Aprikosen, von welchen allein nach Egypten jährlich für etwa 4 Millionen Francs exportirt werden, in Pfirsichen, Citronen, Apfelsinen, Mandarinen u. s. w. Die massenhaften Trauben werden meist in Damaskus selbst verzehrt. Wein keltert man fast gar nicht.

Am letzten Abend gaben die Majestäten ein großes Diner in dem glänzenden Saale ihrer Wohnung, zu welchem viele hoch=gestellte Türken geladen waren. Die jungen Leute der vor=nehmsten Familien, einige 20 oder 30, hatten sich ausbedungen, täglich bei der königlichen Tafel selbst den Majestäten und den Gästen die Speisen zu reichen, und sie machten dies in ihren einfachen schwarzen Anzügen mit dem rothen Fez auf dem Kopfe in geschicktester, vornehmer und bescheidener Weise. Am letzten Vormittag versammelte sie der Kaiser und schenkte Jedem sein Bild mit Unterschrift; die Kaiserin ließ ihnen herzlichen Dank aussprechen.

10.—12. November.
Die Rückreise bis Beiruth.

Unsere Abreise am 10. November Vormittags gestaltete sich ebenso imposant wie unsere Ankunft, nur daß man bei dem herrlichen Sonnenschein des Tages noch mehr sah und noch mehr staunte. Lauteren Jubel und bewegteres Leben haben wir selbst bei dem Einzuge 1871 nach dem Kriege in Berlin nicht gehört und gesehen. Der Zug trug uns durch den Antilibanon, wo überall die Bevölkerung in noch größeren und noch erregteren Massen herbeigeströmt war, bis nach Muallaka auf die Hochebene. Hier war wieder großer Empfang, welcher dieses Mal noch eine neue Zierde aufwies, indem die eingeborenen jungen Damen nach preußischem Muster in großer Zahl als weißgekleidete Ehrenjungfrauen mit deutschen Schärpen erschienen. Die Wagen wurden bestiegen und in langem, in gewohnter Weise von Kavallerie und Gensdarmen begleitetem Zuge ging es durch das reichgeschmückte Städtchen viele Stunden weit die Hochebene zwischen dem Libanon und dem Antilibanon nach Norden hinauf, zuletzt von hunderten von berittenen Arabern in den weiten Feldern begleitet, in Wolken von Staub gehüllt, vorbei an Reihen bunt gesattelter Kameele in Parade-Aufstellung rangirt, von Männern und Frauen besetzt, bis zu den von grünenden Bäumen umrahmten berühmten Tempeln von Baalbeck.

Der kleine, freundliche Ort hatte Ehrenpforten errichtet und strahlte im Lichte der untergehenden Sonne im fröhlichen Festkleide. Durch einen über 300 Schritt langen, aus gewaltigen Quadern gewölbten Tunnel gelangten wir in das innere dieser auf haushohen Cyklopen-Mauern liegenden Akropolis, ein imponirender Abglanz altrömischer Kraft und Macht. Zwischen den Riesensäulen und den Riesenmauern zweier gewaltiger Tempel, welche von übermenschlichen Kräften errichtet und nur durch übermenschliche Wuth und durch Erdbeben gebrochen worden sind, ist unser Zeltlager aufgeschlagen. Die Sonne ging unter, aber die stolzen Ruinen leuchten mit unzähligen Laternen behängt. Die Nacht legte ihre eiskalte Hand auf die zerstörte Größe des Heiligthums des Sonnengottes. Freundlich ließ unser Gott seine Sonne wieder in hellem Glanze über uns aufgehen. Eine große Marmortafel, eine Gabe des Sultans, wurde enthüllt, welche den Besuch des deutschen Kaisers und der deutschen Kaiserin fernen Geschlechtern künden soll. Die gewaltigen Bauten, in welchen hoch hinauf Quadern von fünfzehn bis einundzwanzig Meter Länge und dreiundeinhalb Meter Durchmesser mit glatt geschliffenen Flächen ohne Mörtel aufeinandergefügt sind, wurden nochmals besichtigt und dann die Rückfahrt nach Muallaka angetreten.

Da hier der Antilibanon Abschied nehmen mußte, so war noch einmal Alles aufgeboten, um denselben glänzend und herzlich zu gestalten. Aber auch der Libanon wollte nicht zurückbleiben. Er selbst und die ganze Landschaft um ihn her strahlte in wunderbarem Lichte von ungeahnter Herrlichkeit. Seine schönen Bewohner, der Generalgouverneur und seine Gemahlin brachten uns ihre Abschiedsgrüße mit doppelter Freundlichkeit. Die entzückende Fahrt vom Gipfel der Berge mit der unvergleichlich schönen Aussicht über Berge, Thäler und Meer, welche das Gold der Abendsonne übergoß, bleibt unvergeßlich. Als wir aus den Bergen hinabkamen, war es am Himmel dunkel geworden, aber unser Weg strahlte in den Freudenfeuern, welche alle Häuser, Villen und Dörfer an den Fenstern und auf den Dächern angezündet hatten. In dem glänzend illuminirten Beiruth, welches der Kaiser zu Pferde, die Kaiserin im Wagen im langsamen Schritt von den Gefolgen und den türkischen Generalen, Offizieren und Reitern umgeben, durchzog, überstiegen der Jubel, die Freuden- und dankbaren Abschiedsrufe alle Grenzen des Glaublichen. Einen rührenden Charakter trug die Illumination in der engen Gasse der Tischler. Die braven Leute hatten auf dem Pflaster vor ihren Werkstätten, in denen sie mit Familie und Freunden standen, hohe Holzstöße angezündet. Ein langes, herzliches Abschiednehmen fand an der Landungsstelle statt. Die Majestäten kehrten dankbar und freudig bewegt mit einem Theile des Gefolges auf die „Hohenzollern“ zurück, welche am nächsten Tage bei Morgengrauen unter dem Salut der türkischen Truppen und Kriegsschiffe abdampfte; ein anderer Theil bestieg die „Hertha" und die kleine, bei unruhiger See schrecklich schwankende „Loreley"; der Rest fuhr auf einem kleinen Boot hinaus in die dunkle, bewegte Salzfluth und suchte sich dort in der schwarzen Nacht sein neues Heim — einen französischen Dampfer, geführt von einem liebenswürdigen französischen Marine-offizier, welcher seinen seltenen Gästen das Leben auf der fünftägigen Fahrt nach Konstantinopel so angenehm als möglich gestaltete.

So verließen wir das gelobte Land erhobenen und dankbaren Herzens, dankbar vor Allem gegen seinen Beherrscher, welcher den Majestäten und uns wohl die schönste Reise des Lebens verschafft und unser Kaiserpaar mit seinen treuesten, in seltenem Maße liebenswürdigen und opferbereiten Dienern umgeben hatte.

Das weite Reich, welches wir von Konstantinopel bis Jerusalem und Damaskus durchwandert hatten, welches seit mehr denn hundert Jahren als der „kranke Mann" bezeichnet wird, dessen Lebenstage untereinander eifersüchtige Erben zu zählen scheinen, trägt in seinem nüchternen, tief religiösen und bescheidenen, seiner Religion und seinem Herrscher unbedingt ergebenen Volke noch eine gewaltige, zähe Lebenskraft in sich. Seine schwierige Verwaltung läßt allerdings viel zu wünschen, weil nicht aus-reichend geeignete Kräfte vorhanden sind. Der äußere, im Alter-thum einst so gepriesene Reichthum des Landes, die Schätze seiner Volksseele werden weder gehoben, noch gepflegt, aber in un-christlichster Weise von Christen, den Griechen und Armeniern, vielfach ausgebeutet, welche es selbst nicht gescheut haben, Un-ruhen und Empörungen anzuzetteln, um ihrem eigenen Landes-herrn und seiner Regierung Verlegenheiten zu bereiten. Christ-liche Staaten zwingen dem Volke wider seinen Willen einen Krieg auf, welchen es siegreich besteht; dann aber werden ihm, wie dem Besiegten, von christlichen Staaten harte Bedingungen auferlegt. Wie kann ein solches Volk Liebe oder auch nur Achtung vor dem Christenthum bekommen? Und doch ist es gerade dieses — die Segnungen des Christenthums —, welche ihm fehlen. Nur hie und da, ganz vereinzelt, sieht es einen Lichtschimmer eines besseren, glücklicheren Lebens, da wo Anstalten unserer deutschen christlichen Liebesthätigkeit und Niederlassungen deutschen Fleißes wirken.

Ja, wir deutsche Christen können sowohl in kultureller als in religiöser Beziehung die schlummernden Kräfte und das treue Herz dieses Volkes für höhere Ziele erschließen, wenn wir uns in Allem, was wir dort unternehmen, die Heilandsliebe zum Nächsten zur Richtschnur machen und — wie es der Kaiser in seiner Ansprache in Jerusalem hervorhob — durch Thaten der Liebe das Evangelium predigen.

Die Kreuzfahrer des Mittelalters haben, abgesehen von einzelnen heroischen Thaten begeisterter, religiöser Schwärmerei, durch ihr grausiges Morden, Sengen und Plündern — wie sie glaubten, zur Ehre Gottes —, dann durch die eifersüchtigen und blutigen Kämpfe untereinander und durch das ausschweifende üppige Leben in ihren meisten Orden und Niederlassungen den glühenden Fanatismus der sie an Zucht und Sitte weit über= treffenden und bis zu ihrer Ankunft mit den Christen in erträg= lichem Einvernehmen lebenden Muhamedaner entfesselt, und er glimmt noch heute unter der Asche fort. So wurde das ganze Land mit Trümmer= und Leichenhaufen besät, das Christenthum und seine blühenden Stätten fast ausgerottet — ein trauriger, aber bezeichnender Leichenstein für das Ende der Kreuzzüge.

Mögen die heutigen Kreuzfahrer auch zur Ehre Gottes, aber unter der Kreuzesfahne der Heilandsliebe hinausziehen und dem armen Lande wiedergeben, was die Kreuzzüge ihm entrissen und verdorben haben. Darin liegt eine herrliche Mission für das deutsche Volk. Möchten doch recht viele Deutsche so schöne, interessante Reisen in das Ausland machen. Wie viele würden dann auch erkennen lernen, daß so schön und so gut, wie es bei uns ist, man es nirgends wiederfindet. So war denn das Allerschönste, was wir erlebten, der Schluß der Reise: die Rück= kehr in die theure Heimath und die Ankunft in Potsdam.

Wir schließen, wie wir begonnen haben:

Der Herr hat Großes an uns gethan, deß sind wir fröhlich.